Autostadt
in Wolfsburg

Emanuel Eckardt

Diesen Band schrieb **Emanuel Eckardt**. Der in Hamburg lebende Journalist schreibt für den *stern*, *Die Zeit* und den *Feinschmecker*, war Reporter des *stern* und Chefredakteur von *MERIAN*. Er produzierte bereits das *MERIAN extra* über die Autostadt in Wolfsburg.

Inhalt

Erläuterung der Symbole

Für Familien mit Kindern besonders geeignet

Diese Unterkünfte haben behindertengerechte Zimmer

In diesen Unterkünften sind Hunde erlaubt

CREDIT *Alle Kreditkarten werden akzeptiert*

Keine Kreditkarten werden akzeptiert

Die Preise gelten für eine Übernachtung im Doppelzimmer für zwei Personen mit Frühstück:

●●●●	*ab 175 €*	●●	*ab 70 €*
●●●	*ab 100 €*	●	*ab 25 €*

Die Preise beziehen sich auf ein Hauptgericht:

●●●●	*ab 40 €*	●●	*ab 10 €*
●●●	*ab 20 €*	●	*ab 5 €*

Karten und Pläne

Die Buchstaben-Zahlen-Kombinationen im Text verweisen auf die Planquadrate der Karten, z. B.

---> S. 119, E 3 Kartenatlas
---> Umschlagkarte hinten, d 2

10 **MERIAN-Tipps**
Tipps und Empfehlungen für Kenner und Individualisten
Klappe hinten --->

Die Autostadt stellt sich vor

Der Mittellandkanal trennt Autostadt und Volkswagen Werk von der Wolfsburger Stadtmitte. Im Hintergrund neben den Türmen des Kraftwerks: das Wolfsburger Schloss.

Ein Erlebnispark untersucht ideenreich und mit spielerischer Leichtigkeit die Beziehung des Menschen zur Mobilität, eine kraftvolle kulturelle Inszenierung und ein Publikumserfolg ohne Beispiel.

Man muss ihn einfach mögen. Feuerrot steht er da, ein epochales Urviech am Start, das schon die Passform des Klassikers erkennen lässt, Vorläufer des am längsten gebauten Autos der Welt, ein Käfer, rundlich, glänzend. Noch trägt er den Namen »Porsche 60«, ein Prototyp aus dem Jahre 1938. Noch sind die Rundungen nicht perfekt, aber die Konturen weisen in die Zukunft, zeigen das Erfolgsmodell des Wirtschaftswunders. Still steht er im ZeitHaus der Autostadt in Wolfsburg (→ S. 38), stündlich gewienert und poliert, was notwendig ist, weil er von seinen Bewunderern immer wieder liebevoll oder auch scheu gestreichelt wird. Im ZeitHaus der Autostadt sind die Klassiker der Automobilgeschichte im besten Licht versammelt, Kultmobile und Unikate, Luxuslimousinen oder Kabinenroller, Cadillacs, Horchs und Bugattis, Kleinwagen und Großserienfahrzeuge, Träume von gestern, die zu Kuriositäten wurden oder zu zeitlosen Schönheiten. Im ZeitHaus begegnen die Menschen ihrer Autobiografie.

Die Autostadt in Wolfsburg ist ein Ereignis. Zwei gläserne Türme ragen hoch hinaus, nachts sind sie illuminiert, leuchtende Wahrzeichen des Erlebnisparks, vollautomatische 48 Meter hohe Regale für Neuwagen, die von Robotern gegriffen und unterirdisch zum KundenCenter (→ S. 52) gerollt werden, dem Terminal für die Abholer. Als Erfindung eines touristischen Erlebnisraumes ist die Autostadt ohne Vergleich. Sie entstand buchstäblich aus dem Nichts. Auf dem Gelände einer unwirtlichen Industriebrache aus heruntergekommenen Zweckbauten, Öltanks, Schutt- und Kohlehalden wuchs am Mittellandkanal in nur 24 Monaten Arbeit eine beschwingte und heitere Ideallandschaft mit grünen Hügeln, auf denen Narzissen schimmern, ein weitläufiger Park mit uralten (herbeigeschafften) Kopfweiden und schlanken Birken, stillen Teichen und Lagunen, in denen sich Großbauten und Pavillons spiegeln. Diese Pavillons (→ S. 44) dienen gleichsam als Bühnen für die Inszenierung von Themen wie Sicherheit und Orientierung, Navigation, Vertrauen, Verantwortung und Kreativität, Themen, bei denen der Mensch im Mittelpunkt steht. Es geht um Werte, um fröhliche Wissenschaft, um den Spaß an der Sache, und so zeigen die Bühnen ein durchaus unterhaltendes Theater (Kino inklusive), in dem der Konzern die Vielfalt seiner Marken präsentiert, ohne das Programm für platte Produktwerbung zu missbrauchen. Es gibt keine Showrooms und keine Marketingbotschaften; der Charme des Konzepts liegt im Verzicht darauf. Die Pavillons sind Erlebnispfade, inszenierte Attraktionen, Spielwiesen der Kreativität. Es geht um Mobilität und Orientierung, Luxus, Umwelt und Lebensfreude. Autos spielen mit, das liegt in der Natur der Sache, das Volkswagen Werk baut nun mal keine Kühlschränke, aber die Mobile der Marken Audi, Bentley oder Škoda, Seat oder Volkswagen sind Teil eines kreativen und phantasievoll in die Landschaft gesetzten Milieus, das nicht nur notorisch autofixierte Männer anlockt, sondern auch Frauen, Jugendliche und Kinder. Die Autostadt ist ein Kinderland und spricht im MobiVersum (→ S. 27), aber nicht nur dort, das »innere Kind« im Erwachsenen an, offenbar mit Erfolg und ohne Altersbegrenzung. Rentner kommen ebenso gern in Scharen wie Großfamilien, Mütter mit Kindern oder ausländische Delegationen, die nicht selten aus Übersee anreisen. Volkswagen-Mitarbeiter bringen ihre Familien mit, laden Freunde und Bekannte ein. Bei

Die Autostadt als Erlebnisraum

Sanfte Landschaft, aus dem Nichts geschaffen: Gartenarchitekt Hinnerk Wehberg bewegte Erdmassen und große wie kleine Gewächse.

rund 50 000 Beschäftigten in der größten Automobilfabrik der Welt haben die Kollegen Besucher durchaus Anteil am Erfolg der Autostadt. Die Identifikation der Mitarbeiter mit dem Erlebnispark ist groß, denn er dokumentiert auch ihre Lebensleistung und nicht selten die ihrer Väter und Großväter.

Mit der Autostadt Wolfsburg schuf das Team um Geschäftsführer Otto F. Wachs und Kreativdirektorin Maria Schneider, Masterplaner Gunter Henn und Gartenarchitekt Hinnerk Wehberg auf 25 Hektar Flachland eine Kunstwelt, die mit einem herkömmlichen Vergnügungspark oder Disneys World nichts gemein hat. Das Areal zeigt keinen Kitsch, es gibt weder Achterbahn noch Riesenrad, weder Rummel noch Fahrgeschäfte. Der Reiz dieses Themenparks liegt in der totalen Entspannung, in der Ruhe und Gelassenheit, die sich auf die Besucher überträgt. Kein Auto fährt in der Autostadt, nur die Gäste des Hotels The Ritz-Carlton, Wolfsburg (→ S. 14) dürfen ganz langsam über die Parkstraße (→ S. 61), die einzige Fahrstraße am Rand des Geländes heranrollen. Die rund 600 Abholer am Tag, die ihren neuen Volkswagen mit nach Hause nehmen wollen, fahren natürlich auch, aber nur wenige Meter im rundum verglasten KundenCenter (→ S. 52), dann haben sie schon das Gelände verlassen.

Entspannung statt Marketingbotschaften

Das Schöne an der Autostadt ist, dass sie keiner real existierenden Stadt ähnelt. Nirgendwo ein Slogan, kein Verkehrsschild, keine Barriere, kein Logo weit und breit; es gibt keine Straßen und keine Kreuzungen, keine Ampeln und keine Parklücken. Damit kein Motorengeräusch die Stille stört, arbeiten die Rasenmäher nachts. Eine Ausnahme ist der kraftstrotzende Lamborghini, der in einem schwarzen Monolithen gefangen gehalten wird und alle dreißig Minuten mit tierischem Gebrüll in einer weißen Qualmwolke ans Licht darf.

Im Außenbereich vor den Toren der Autostadt gibt es natürlich Parkplätze, außerdem Verkehrsflächen für das Sicherheits- und SparTraining und am anderen Ufer des Mittellandkanals den GeländeParcours fürs Offroad-Training (→ S. 22). Eine weitere Ausnahme sind Verkehrsflächen für die Kinder, sie fahren Auto im RumfahrLand (→ S. 29) und machen sogar ihren Führerschein im LernPark.

Das Gelände der Autostadt ist eine Fußgängerzone, in der sogar Enten watscheln, Landeplatz für Wildgänse auf der Durchreise und für Besucher ein stressfreier Lustgarten. Im Vordergrund steht das Erlebnis, die Erfahrung, der Spaß am Flanieren durch eine ungestörte Welt, der es immer wieder gelingt, die Sphären der Kunst mit reinem Freizeitvergnügen zu verbinden, spielerisch vermitteltes Wissen mit verblüffenden Erfahrungen und kulinarischem Genuss in Einklang zu bringen.

Kulturzentrum und Piazza

Am Mittellandkanal, durch eine Brücke mit der Stadt verbunden, streckt sich das KonzernForum (→ S. 32), Entrée und Zentrum der Autostadt, eine spannende Mischung aus italienischer Piazza und internationalem Kulturzentrum, eine Basilika innovativer Architektur mit haushohen Flügeltüren aus Glas und Stahl, feinen Läden für schöne Dinge und mehreren Restaurants. Über der Piazza schwebt der Riesen-Globus des Künstlers Ingo Günther. Ein Schriftband läuft um den Äquator und zeigt die Position: 52 Grad Nord, 2 Minuten, 6 Sekunden; 10 Grad Ost, 4 Minuten und 10 Sekunden westlich von Greenwich, die Mitte der Volkswagenwelt. Eine Welt im Wandel.

Als die Stadt Wolfsburg 1998 ihren 60. Geburtstag feierte, hatte sie gerade eine tiefe Krise hinter sich und zählte annähernd 20 Prozent Erwerbslose. Doch dann ging alles Schlag auf Schlag. Im gleichen Jahr hielt zum ers-

Endlich am Ziel: Im KundenCenter der Autostadt nehmen Abholer ihren Neuwagen in Empfang.

ten Mal der ICE in der ehemaligen Endstation vor der Zonengrenze. Ein historischer Moment. Wolfsburg lag nun auch bahntechnisch nicht mehr am Rand der Republik sondern mittendrin, 55 Minuten von Berlin entfernt. Die Stadt lebte auf, zeigte sich nicht mehr länger als zutiefst provinzieller, geschichts- und gesichtsloser Produktionsstandort weltweit krabbelnder Käfer, sondern als selbstbewusste Kulturmetropole und Headquarter eines dynamischen Weltunternehmens, das in 27 Ländern vertreten ist und in rund 180 Ländern Vertriebsorganisationen unterhält. Immerhin ist jedes achte weltweit verkaufte Auto ein Volkswagen. »Wir haben geschafft, wovon Kaiser Karl V. träumte«, sagt Bernd Pischetsrieder, seit 2002 Vorstandsvorsitzender des Unternehmens, stolz: »in unserem Reich geht die Sonne nicht unter.« Mit neuen Arbeitszeitmodellen erwies sich Volkswagen als Motor der Sozialpolitik, mit technischen Innovationen als Zukunftslabor. Nirgendwo in Deutschland arbeiten mehr Entwickler am gleichen Ort.

Und endlich und zu aller Überraschung zeigte sich Wolfsburg als Showtalent, als Newcomer unter deutschen Reise- und Ausflugszielen, als eine Stadt, die ein Millionenpublikum anziehen und begeistern kann. Mit dem gigantischen Investitionsvolumen von rund 440 Millionen Euro schuf das Unternehmen eine »Service- und Kommunikationsplattform von Volkswagen«, ein »Erlebnis- und Kompetenzzentrum«, mit einem Wort: die Autostadt, die inzwischen stolz auf ihre Besucherrekorde verweist. Seit ihrer Gründung am 1. Juni 2000 hat die Attraktion in Wolfsburg nahezu 15 Millionen Besucher gezählt. Und sie kommen immer wieder, denn die Autostadt ist eine Welt in Bewegung, wird im steten Rhythmus erneuert und verändert, greift ständig neue Themen auf.

Aus dem Gebäude wird ein Platz: Die riesigen Flügeltüren öffnen sich an heißen Tagen vollautomatisch und lassen viel Luft in den Eingangsbereich.

Feste und Events zu jeder Jahreszeit

Das KonzernForum mit der Piazza ist ein Ort multimedialer Inszenierung. Die »Movimentos Festwochen der Autostadt in Wolfsburg« im stillgelegten Kraftwerk gehören ebenso wie das Drachenboot-Rennen des »The Ritz-Carlton, Wolfsburg« zu den Höhepunkten des Sommers. Im Winter verwandelt sich die Lagune im Park in eine Eisbahn und die vier Schornsteine des Kraftwerks in überdimensionale Adventskerzen. Attraktionen und Themen wechseln mit den Jahreszeiten und nach den Vorgaben und Themen der »StadtAnsichten«. Die viermal im Jahr erscheinende Zeit-

Die StadtBrücke verbindet den Bahnhof mit der Autostadt. Ein filigranes Bauwerk, das die Spannung, die der Besucher empfindet, vorwegzunehmen scheint.

schrift der Autostadt widmet sich in jeder Ausgabe einem anderen Thema, und jedesmal wird das Thema in Diskussionen, literarischen Veranstaltungen oder Workshops in der Autostadt vertieft.

Stadt und Autostadt sind durch die StadtBrücke, die über den Mittellandkanal führt, miteinander verbunden, was auch als symbolischer Brückenschlag gemeint ist. Die Stadt Wolfsburg, naturgemäß von ihrem größten Arbeitgeber geprägt, hat seit mehr als einem halben Jahrhundert vom großen Spender profitiert, das Alvar-Aalto-Kulturhaus (→ S. 63) ist ein architektonisches Juwel, die 2003 eröffnete Sportarena des VfL Wolfsburg eines der modernsten Fußballstadien Deutschlands und das Kunstmuseum Wolfsburg (→ S. 64) eines der führenden Museen in Europa für aktuelle Kunst, doch auch die Sammlung und die Ausstellungen der Städtischen Galerie im Wolfsburger Schloss (→ S. 63) sind mehr als sehenswert. Wolfsburg hat noch viel vor. Ein Gemeinschaftsunternehmen namens »Wolfsburg AG« (kurz: WOB AG), soll die Zukunft der Stadt managen, hat bereits in kürzester Zeit 8000 neue Arbeitsplätze geschaffen, bei der Gründung neuer Unternehmen geholfen und 80 Zulieferfirmen nach Wolfsburg gelockt. Die Süddeutsche Zeitung nannte die Stadt deshalb anerkennend »Deutschlands Soziallabor«.

Kulturschätze in der Region

Doch was jenseits der Laborgrenzen eine Reise in die Neue und alte Mitte Niedersachsens erst zu einem Erlebnis macht, sind die vielen Schätze der Region, der alten Kulturlandschaft des Braunschweiger Landes und der Südheide, des alten Ostfalens und der Provinz Hannover und des natürlichen Höhepunkts im Landschaftsbild: Der Harz ist nah, mythischer Höhenzug Goethes und Heinrich Heines, der windumtoste Brocken (→ S. 77) im ehemaligen Grenzgebiet, die Stadt Goslar (→ S. 80) mit ihrer Kaiserpfalz und dem als Weltkulturerbe eingestuften Bergbaumuseum Rammelsberg, das beschauliche Wernigerode (→ S. 94) mit seinem Traumschloss über geruhsamem Fachwerkzauber.

Geheimtipps für Naturfreunde

Weniger spektakulär, aber nicht weniger schön sind die Landschaften von Elm und Asse (Wanderung → S. 99), die Lüneburger Heide (Radtour → S. 96), die wundersamen und zauberhaft schönen Damenstifte in Ebstorf und Isenhagen (→ S. 84) oder der verspielte Hundertwasserbahnhof in Uelzen (→ S. 95). Naturfreunde finden Wälder, Seen und einzigartige Flusslandschaften, aber auch staunenswerte Biotope wie das Otterzentrum in Hankensbüttel (→ S. 93), den Vogelpark in Walsrode (→ S. 92) oder den preisgekrönten Zoo in Hannover (→ S. 87). Hannover, die vielleicht am meisten unterschätzte Metropole der Republik und einzige Landeshauptstadt in Deutschland, die noch den Rang eines Geheimtipps hat, fasziniert nicht nur durch ihren entspannt unaufgeregten Lebensstil, sondern auch durch eine ganze Reihe zauberhafter Feste, unter denen der internationale Feuerwerkswettbewerb (→ S. 108) natürlich ein echter Knaller ist.

Unter den Städten der Region ist Wolfsburg mit seinem Alter von nicht einmal siebzig Jahren natürlich ein ziemlich neues Modell. Es lohnt sich jedoch, die Oldtimer zu besuchen, die Stadt Braunschweig (→ S. 70) mit ihrer sehenswerten Altstadt, dem Dom, dem Braunschweiger Löwen und dem Herzog Anton Ulrich-Museum, Wolfenbüttel (→ S. 75), die Stadt der Bücher mit der Bibliotheca Augusta und dem Welfenschloss, die Stadt Celle (→ S. 82) mit der berühmten Hengstparade, die Stadt Hildesheim (→ S. 89) mit ihrem Dom und dem wahrhaft eindrucksvollen Roemer- und Pelizaeus-Museum und Königslutter (→ S. 90) mit seinem Dom und dem Geopark-Zentrum, eine Anregung, das Erdaltertum zu erkunden, als die Käfer noch keine Räder hatten und von Sauriern gefressen wurden. Ein Reiseland für Entdecker. Vor allem die, die schon alles gesehen haben und alles zu kennen glauben. Sie werden staunen.

Dem Vorhandenen mit Respekt begegnen: Schloss Wolfsburg, eingerahmt von den Wahrzeichen der Autostadt, den AutoTürmen.

Gewusst wo ...

Das KonzernForum bietet eine farbenprächtige Fülle an Attraktionen: Die Pizzeria AMano lädt an Naturholztischen zum Essen ein, im RumFahrLand können Kinder ihren ersten »Führerschein« machen.

Der Charme liegt in der Vielfalt. Das Serviceangebot der Autostadt ist ein Feuerwerk der Ideen, bietet Abenteuer für Kinder, Genussmenschen und Autofans und ist immer für eine Überraschung gut.

Übernachten

Internationales Flair, innovatives Hotel-Design und perfekter Service: The Ritz-Carlton, Wolfsburg.

Naturfarbtöne und ein Feuer hinter Glas: Die Lounge des The Ritz-Carlton, Wolfsburg empfängt die Gäste mit zurückhaltender Eleganz.

Schon die Lage ist ungewöhnlich für ein internationales Luxushotel der ersten Liga: Wolfsburg ist nicht Paris, Rom oder New York, das Flair dieser Weltgegend im Herzen Niedersachsens erschließt sich nicht auf den ersten Blick.

Vor der gewaltigen Kulisse des Kraftwerks mit vier mächtigen Schornsteinen aus rotem Klinker empfängt ein eher dezentes Bauwerk aus Glas und Naturstein den Gast gleichsam mit offenen Armen. Die Architektur des The Ritz-Carlton, Wolfsburg ist einladend, unprätentiös und ohne exklusive Herrschaftsgeste. Der Empfang ist freundlich, fast familiär; illuminierte Alabasterwände führen in die Lobby Lounge. Hinter den Flammen des gläsernen Kamins blinkt der Mittellandkanal.

Als Ferdinand Piëch, bis 2002 Vorstandsvorsitzender des Volkswagen Konzerns, über den Neubau eines Hotels verhandelte, stellte er klar: »Wir wollen nicht das schönste Hotel in Wolfsburg sein, auch nicht das schönste in Niedersachsen, sondern das beste Hotel in Europa.«

Also holte man Andrée Putman, Grande Dame innovativen Hotel-Designs in Paris und New York, nach Wolfsburg. »Die müssen verrückt sein«, war ihre erste Reaktion, als sie auf die Industriebrache blickte, die sie in einen »Ort der Anmut und Ruhe« verwandeln sollte. Aber sie liebt nun mal »exzentrische Situationen« und nahm die Herausforderung an. Die Französin trug das Spiel mit der Kurve in die Zimmer, setzte der eher nüchternen Außenwelt die Sanftheit von Naturholz und abgetönten Erdfarben entgegen.

Fernseher und Hausbar verschwanden hinter den Holzlamellen eines ovalen Medientowers, halbrunde Schreibtische nahmen die Form des Hauses auf. So entstand auf dem flachen Land »Deutschlands schönstes Ambiente-Hotel« *(Der Feinschmecker)*, ein Fünf-Sterne-Palais mit 600 Kunstwerken und Originalfotografien in Fluren und Zimmern. Die Spiegel im Bad sind beheizt, damit sie nicht beschlagen, Fußboden und Wanne ebenso. Der Gast schläft auf atmungsaktivem Gänseflaum wie auf Wolken, hat zehn verschiedene Kopfkissentypen zur Wahl. Die Suiten bieten Altarspiegel im Ankleidezimmer und freistehende Wannen mit versilberten Armaturen auf Terrazzokugeln. Auf Wunsch lässt der Badebutler das Wasser ein und arrangiert Kerzen, Champagner und Rosenblüten fürs Romantikbad, oder bringt fürs »Gentlemen's Bad« Zigarre, Cognac und Canapees. Wenn der Laptop mal nicht mehr will, kommt der Technology-Butler und hilft dem Gast ins Netz.

Luxus am gläsernen Kamin

Was der Gast nicht sieht, allenfalls spürt, ist die Perfektion im Hintergrund. Jedes Zimmer wird täglich mit einer Checkliste von 300 Punkten geprüft. Mehr als 200 Mitarbeiter sind engagiert, hinzu kommen hundert freie dienstbare Geister, eine konkurrenzlose Quote bei 174 Zimmern und Suiten. Bei voller Auslastung bedeutet das: Jeder Gast hat statistisch einen Mitarbeiter für sich allein. Service ist alles.

Dass bei so viel Anstrengung auch die Küche zum Feinsten gehört, ist selbstverständlich. Das Restaurant »Aqua« (→ MERIAN-Tipp, S. 17) gehört zu den besten in Deutschland.

The Ritz-Carlton, Wolfsburg
StadtBrücke, 38440 Wolfsburg;
Tel. 0 53 61/60 70 00, Fax 60 80 00;
wolfsburg.reservation@ritzcarlton.com;
www.ritzcarlton.com; 174 Zimmer,
2 Luxus-Suiten, 19 Executive Suiten
●●●● CREDIT

Essen und Trinken

Von Biosalaten, Pizza und Maultaschen bis zur Grande Cuisine: das Spektrum der Genüsse.

Traditionelle Spezialitäten im zeitgemäßen Stil: Das ANAN bringt fernöstliche Esskultur nach Wolfsburg – Suppen mit japanischen Nudeln, aber auch Tempura und Salate nach Landesart.

Reizvolle Köstlichkeiten

Mit einer weit gefächerten Kollektion von Restaurants, Bars und Cafés bieten Mövenpick und das Hotel The Ritz-Carlton, Wolfsburg eine Vielfalt von kulinarischen Erlebniswelten, die von der preiswürdigen Pizza bis zum preisgekrönten Gourmet-Restaurant das ganze Spektrum der Genüsse auf den Tisch bringen.

RESTAURANTS ●●●

The Grill im The Ritz-Carlton, Wolfsburg

Leichte Küche mit internationalen Grillgerichten, Vorspeisen und klassischen Salaten auf höchstem Niveau, plus Themengastronomie mit Erlebniswert: Champagner Jazz Brunch, »Asia do Brasil« mit Sushi und brasilianischen Rodizio-Fleischspießen (rechtzeitig reservieren!).

Tel. 0 53 61/60 70 91; Reservierungen: ccr.wolfsburg@ritzcarlton.com; tgl. Frühstück 6.30–11, Lunch 12–14.30, Dinner 18–23 Uhr; Champagner-Brunch So, Asio do Brasil Di ●●● CREDIT

RESTAURANTS ●●

Beefclub

Die neue Adresse in Wolfsburg: exklusives, innovatives und trendiges Steakrestaurant mit Clubatmosphäre; gut sortierte Bar; Chef's Table mit Spezialitäten aus dem Beef-Ofen.

Tel. 0 53 61/40 61 16; tgl. 17.30–23 Uhr ●● CREDIT

Chardonnay

In elegantem Ambiente liefert dieses Mövenpick Wein-Restaurant vor allem für Freunde eines edlen Tropfens reizvolle Angebote. Die Küche bietet mittags z. B. einen unkomplizierten Businesslunch oder den Klassiker »geschnetzeltes Kalbsfleisch Züricher Art«. Abends empfiehlt der Koch das dreigängige »Twingle Menü« für zwei Personen, inklusive einer halben Flasche Wein für 35,00 €.

Tel. 0 53 61/40 61 16; tgl. 11–15, 17.30–23 Uhr ●● CREDIT

RESTAURANTS ●

ANAN

Mit der Eröffnung des Familienrestaurants ANAN im ZeitHaus hält ein Stück authentischer japanischer Kultur Einzug in den Themenpark. Japanische Küchenmeister, eigens für die Autostadt engagiert, bereiten in einem zeitgenössischen, urban-japanischen Ambiente Köstlichkeiten der traditionellen Küche ihres Landes zu.

Tel. 0 53 61/40 61 16; tgl. 11–20 Uhr ● CREDIT

Lagune Foodhalls

Die neu gestaltete Lagune präsentiert sich als »Marktplatz der Genüsse« mit Frühstücks-, Salat- und Kuchenbüffet sowie einer Getränkebar mit Weinen und Kaffeespezialitäten. Die

MERIAN-Tipp

1 Restaurant Aqua im The Ritz-Carlton, Wolfsburg

2006 vom Gourmet-Magazin »Der Feinschmecker« zum Trend-Restaurant des Jahres gewählt, gelten die Kreationen im Aqua als kulinarische Höhenflüge: »Fein geräucherter Pulpo harmoniert mit geschmorten Ferkelbäckchen, zum Pauillac-Lammrücken mit Paprikachutney gibt's feine Ricotta-Oliven-Cannelloni ...« entzückten sich die Tester. Auch das Umfeld wurde gelobt: Das Interieur des Aqua sei »hübsch gestylt«. Gemeint sind das reduzierte Design von Andrée Putman, das federleichte Eleganz verströmt, sowie das ungewöhnliche Geschirr aus Glas, das für Leichtigkeit und Transparenz steht – wie die Küche des Zwei-Sterne-Kochs Sven Elverfeld.

Tel. 0 53 61/60 70 91; Reservierungen: ccr.wolfsburg@ritzcarlton.com; Di–Sa 18.30–22.30 Uhr ●●● CREDIT

Küche offeriert Antipasti und Pasta, Fisch sowie Steaks vom Grill, oft ausgewiesene Bioprodukte. Die Crêpes sind hausgemacht.
Tel. 0 53 61/40 61 16; tgl. 8.30–23, Frühstück tgl. bis 11 Uhr; Geburtstage und andere Feste auf Anfrage ● CREDIT

Pizza AMano

Familienrestaurant mit großem Pizza-Ofen und Mitmach-Angebot. Kinder können ihre Pizza nach eigenen Wünschen belegen. Viele Zutaten kommen aus ökologischer Landwirtschaft. Die Speisekarte variiert nach Tageszeit, bietet zudem Suppen, Baguettes, Salate.
Tel. 0 53 61/40 61 16; 9–23 Uhr ● CREDIT

TachoMeter

Lounge, Restaurant und Selbstbedienungstheke im KundenCenter für die stolzen Abholer eines Neuwagens.
Tel. 0 53 61/40 61 16; 8.30–18 Uhr ● CREDIT

Cafés und Bars

Trattoria Barolo

»Wine and Dine« im KonzernForum: Die Trattoria serviert kleine Gerichte und große Tropfen aus dem Mövenpick Weinland zu fairen Preisen.
Tel. 0 53 61/40 61 16; tgl. 12–23 Uhr ●● CREDIT

StadtCafé

Das Caféhaus im KundenCenter knüpft mit österreichischen Spezialitäten wie Kaiserschmarrn, Wiener Schnitzel und Apfelstrudel mit Schlagobers sowie druckfrischen Zeitungen an die Tradition großer Wiener Kaffeehäuser an.
Tel. 0 53 61/40 61 16; 9–18 Uhr ● CREDIT

StrandBar

Ein Pavillon mit Sonnenterrasse am Ufer der Lagune. Es gibt sogar Strandkörbe im Schönwettertreff für Drinks und Spezialitäten der Küste wie Backfisch, Kartoffelsalat und Rote Grütze.
Tel. 0 53 61/40 61 16; Sommer 11–18 Uhr (wetterbedingt); ● CREDIT

EspressoBar

Bar mit italienischem Flair, die Espresso, Cappuccino oder Latte Macchiato bietet, aber auch hausgemachte italienische Kuchen und Desserts sowie mittags zwei Pastagerichte.
tgl. 8–18 Uhr ●

Newman's Bar

Elegant und einladend, wartet die Bar im Hotel The Ritz-Carlton, Wolfsburg mit einer rekordverdächtigen Obstbrandliste (300 Positionen) und generöser Zigarrenauswahl auf.
Di–Sa 19– 22 Uhr CREDIT

Feine Weine und kleine Leckereien aus der italienischen Küche: Die Trattoria Barolo fällt nicht nur mit ihrem roten Interieur auf.

Einkaufen

Die Souvenirs der Autostadt, internationales Design und Raritäten, Modellautos und Zubehör.

Der Shop Metropol bezaubert mit edlen Autostadt-Souvenirs und ausgefallenen Unikaten aus der ganzen Welt.

Shopping im Park

Die Autostadt ist eine Fußgängerzone ohne Shopping-Center, Ladenzeilen und Supermärkte. Aber es gibt Shops für ausgesuchte Designprodukte, Souvenirs, Spiele und Bücher. Und richtige Fahrräder gibt es auch.

Metropol Finest Selection
Der Name weist auf das Programm – aus dem riesigen Angebot auf internationalen Messen präsentiert der Shop im KonzernForum eine Auswahl der schönsten Dinge: neue, aber auch klassische Wohnaccessoires sowie Lifestyle-Produkte, Mode für Erwachsene und Kinder, Spielwaren, Wellness-Produkte, Schreibwaren, Kunstbücher und vieles mehr.
Tel. 0 53 61/40 62 04

ZeitReise
Der Shop im ZeitHaus: Hier gibt es einen Touareg schon für 9,90 € – aber auch eine Fülle weiterer Modellautos auch anderer Marken; legendäre Oldtimer und seltene Kultmobile vom Beetle bis zum Bugatti. Gut sortiert ist das Angebot neuer und antiquarischer Autobücher und –zeitschriften sowie historischer Autoaccessoires und -prospekte. Sogar original Kraft-durch-Freude-Wagen-Broschüren sind zu haben.
Tel. 0 53 61/40 62 18;
www.zeitreise.autostadt.de

Collection – Der Shop
Der Shop im KundenCenter führt alles, was der Abholer eines Neuwagens braucht: die komplette Volkswagen-Zubehörkollektion mit Gummimatten, Pflegemitteln, Kindersitzen sowie Volkswagen-Uhren fürs Handgelenk und den praktischen Carbutler (Autokleiderbügel). Abgasfrei und 100 % umweltverträglich: Die Volkswagen Mountainbikes sowie Trekking- und Kinderfahrräder.
Tel. 0 53 61/40 62 13

The Ritz-Carlton-Boutique
Die kleine Boutique im Hotel The Ritz-Carlton, Wolfsburg offeriert außergewöhnliche und exklusive Dinge, darunter Wellness-Produkte von Bulgari, Kindermode von Giesswein sowie Tageszeitungen und Zeitschriften.
Tel. 0 53 61/60 70 75

MERIAN-Tipp

2 Jahreswagen von VW

Ein beliebtes Souvenir aus Wolfsburg sind die Jahreswagen der Volkswagen-Mitarbeiter. Sie sind gepflegt und in der Regel kaum mehr als neun Monate gelaufen. Der Verkauf erfolgt von Privat an Privat. Die Jahreswagenvermittlung der Volkswagen AG hat meist 3000 bis 4000 Fahrzeuge im Angebot. Jeden Samstag findet von 9–13 Uhr auf dem Parkplatz vor dem Forschungs-und Entwicklungsgebäude der Volkswagen AG ein Jahreswagenmarkt statt.

Volkswagen AG,
Geschäftsfahrzeuge,
Gebraucht- und Jahreswagen,
Brieffach 1902, 38436 Wolfsburg;
Tel. 0 53 62/96 21 50, Fax 96 21 45;
Büro Autostadt, StadtBrücke,
38440 Wolfsburg;
Tel. 0 53 61/40-64 50/-64 51,
Fax 40 64 59;
www.vw-jahreswagen.de

Fahrtraining

Hier geht's zur Sache: Asphaltverwöhnte Autofahrer testen sich offroad auf dem GeländeParcours.

Jenseits des Mittellandkanals liegt die Strecke, auf der weniger die Fahrzeuge als vielmehr die Fahrer gefordert sind – es geht um Geschicklichkeit, aber auch um ökonomisches Fahren.

Über Stock und Stein

Der GeländeParcours

Auf einem 15 000 qm großen, knifflig und unwegsam gestalteten Parcours können Naturburschen, Querfeldeincharaktere und leidenschaftliche Offroader unter Anleitung von ausgebildeten Fahrtrainern ihre Geschicklichkeit auf höchst unebenem Gelände trainieren. Der Volkswagen Touareg steht als Testfahrzeug zur Verfügung. Die Gras- und Hügellandschaft am Mittellandkanal ist mit elf Hindernissen wie Wippe und Steigungshügel, schmalen Brücken, Baumstämmen und einem Wasserlauf zum Durchfahren ausgestaltet. Bei Eisregen und speziellen Events wird der GeländeParcours nicht befahren.

tgl. 9–18 Uhr, Reservierung und aktuelle Informationen tgl. unter (Gratis-) Tel. 08 00/2 88 67 82 38, Fax 08 00/ 32 92 88 67 82 38 (ab 30 Min., zwei Personen können auf der Rückbank mitgenommen werden), Training auf dem GeländeParcours 25 €

SicherheitsTraining

Hier profitieren auch routinierte Fahrer: Profitrainer schulen Besucher und Abholer zur Optimierung des Fahrverhaltens in alltäglichen Gefahrensituationen. Die Weiterbildung im Umgang mit schwierigen Fahrbahnoberflächen, plötzlichen Ausweichmanövern und Vollbremsung beinhaltet praktische Informationen über ABS und ESP sowie Lenkverhalten (nur bei DVR-Training) und Kurvenfahrt. Das Fahrzeug, in der Regel ein Golf V, wird gestellt. Aus versicherungstechnischen Gründen sind Trainingsrunden mit dem eigenen Fahrzeug nicht möglich (außer DVR-Training).

28 € pro Person; ganztägiges SicherheitsTraining nach DVR-Richtlinien 105 €, für Jahreskartenbesitzer 70 €

SparTraining

Der zeitgemäße Learning-by-Doing-Kurs an der Seite eines Ökonomie-Trainers. Das Training besteht aus zwei Fahrten. Bei der ersten fährt der Fahrer wie gewohnt selbst. Die Multifunktionsanzeige analysiert das Fahrverhalten. Die zweite erfolgt nach eingehender Auswertung und Beratung, meist mit deutlich reduziertem Verbrauch. Fahrzeuge werden zur Verfügung gestellt.

17 € pro Person; Anmeldung am WelcomeDesk im KonzernForum; Reservierungen für GeländeParcours, SicherheitsTraining und SparTraining im CustomerCareCenter, Tel. 08 00/2 88 67 82 38; Last-Minute-Buchungen vor Ort sind möglich

Der Führerschein für Kinder

Verkehrsunterricht kann Spaß machen, und das Lernen von technischen Zusammenhängen, richtigem Verhalten und Sicherheit im Verkehr wird im LernPark nicht nur mit Fahrten im Mini-Beetle (Höchstgeschwindigkeit 4 km/h) belohnt. Im LernPark des MobiVersums bekommen Kinder auch ihren ersten Führerschein (mit Foto).

Dauer eines Durchlaufes ca. 45 Minuten. Der LernPark ist von Anfang November bis Ende März geschlossen.

Knifflige Situationen sind zu meistern, etwa das richtige Verhalten bei Aquaplaning.

Feste und Events

Ein Feuerwerk der Fantasie, immer wieder neu entzündet: Tanz und Theater, Musik, Film und Sport.

Zur Weihnachtszeit wird es feierlich in der Autostadt: Die vier Schornsteine des ehemaligen Kraftwerks »glühen« rot, die Lagune dient als Eisfläche für Jung und Alt.

AUGUST

Drachenboot-Rennen »The Ritz-Carlton Cup«

Das traditionelle Drachenboot-Rennen bildet einen der Höhepunkte des Sommerprogramms. Mehr als 140 Teams mit mehr als 3000 Sportlern aus ganz Europa kämpfen um einen der begehrten Pokale und lassen das Drachenbootrennen zu einer der größten Sportveranstaltungen in Niedersachsen werden. Zum spektakulären Renn-Wochenende gehören neben den sportlichen Ereignissen auch ein abwechslungsreiches Rahmenprogramm und kulinarische Köstlichkeiten.

Anmeldung: The Ritz-Carlton, Wolfsburg; Tel. 0 53 61/60 60 22, Fax 60 80 05; www.ritzcarlton.com

DEZEMBER/JANUAR

Winter in der Autostadt

Das Winterprogramm lockt mit einer Fülle kultureller und kulinarischer Events. Die Autostadt »entflammt« in einer Inszenierung aus Licht und Musik, festlich strahlen Millionen von Lichtpunkten, leuchten Feuerkörbe und Gasfackeln. Die Lagune wird zur Eisbahn (nach 18 Uhr Eintritt frei) oder Bühne. Zudem locken wechselnde Angebote wie Eistanzkurse oder »Kids on Ice«-Veranstaltungen und – als angenehme Randerscheinung –, warme Getränke und kleine Speisen am Kamin.

DEZEMBER

Weihnachten in der Autostadt

Die Restaurants Lagune und Stadt-Café laden zum Adventsfrühstück, die Restaurants des Hotels The Ritz-Carlton, Wolfsburg zum Adventsbrunch mit Champagner. Außerdem in der Autostadt: ein wechselndes Programm mit Lesungen, Chansonabende, Theateraufführungen, Konzerten und Kinderfesten. Am Zeit-Haus zeigt der Adventskalender der Künstlerin Andrea Rostásy auf einer groß dimensionierten Video-Wall jeden Tag ein neues Videoloop zum Thema Mensch und Maschine.

Informationen und Programme: CustomerCareCenter; Tel. 08 00/2 88 67 82 38, Fax 08 00/32 92 88 67 82 38

Die Autostadt als Bühne

MERIAN-Tipp

3 Movimentos Festwochen

Seit der Premiere 2003 hat sich das TanzFestival zu einer international beachteten Momentaufnahme dieser künstlerischen Ausdrucksform entwickelt. Im Theater des einstigen Kraftwerks präsentieren sechs Wochen lang internationale Ensembles von Weltrang die Bandbreite von Danse classique bis Rap, dargeboten von Gruppen wie z. B. die Compañia Nacional de Danza oder das Alonzo King's Lines Ballet. Mittlerweile wurden die Festwochen um zahlreiche Konzerte erweitert, Jazzgrößen wie Jan Garbarek oder Joachim Kühn treten auf, aber auch Soul-, Latin- oder HipHop-Klänge ertönen ebenso in der Autostadt wie Klassik- und Avantgardemusik. Das Festival ist wechselnden Themen unterstellt, die sich nicht nur in der Programmkonzeption widerspiegeln, sondern auch in Lesungen, Gesprächen und Workshops vertieft werden.

Mai; Informationen und Karten unter der ServiceLine der Autostadt, Tel. 08 00/2 88 67 82 38; www.movimentos.de

Familientipps – Hits für Kids

Kinder entdecken die Welt des Forschers Rolli, dürfen Auto fahren und experimentieren.

Und es gibt ihn wirklich: Rolli, der kleine Forscher aus einem anderen Sonnensystem, begleitet die Kinder in der Autostadt fast überall.

In der Autostadt haben Kinder eine eigene Welt, in die sie die Erwachsenen mit hineinnehmen oder die sie auch ohne die Eltern entdecken können. Vom RumFahrLand für die Kleinen über das MobiVersum mit der Vielfalt seiner Länder, einer Kinderwelt, in der Phantasie, Kreativität und spielerisch vermitteltes Wissen auch das »innere Kind« im Erwachsenen wecken, bis zur WerkStadt für neugierige und technikbegeisterte Jugendliche bietet die Autostadt eine Fülle von Angeboten und Abenteuern, die ständig weiterentwickelt werden.

Abenteuer für Kinder und Erwachsene

Neu gestaltet wurde z. B. der WelcomeDesk auf der Piazza. Sechs Podeste in Form kleiner Autos bringen nun die kleinsten Gäste auf Augenhöhe zu den Autostadt-Mitarbeitern am Info-Counter. Für Vier- bis Zehn-Jährige starten im ZeitHaus, im AutoLab und in den MarkenPavillons kostenlose KidsTouren, bei denen sie sich spielerisch mit den Attraktionen auseinandersetzen können.

Die Reise ins MobiVersum

Die Erlebniszone im neu inszenierten Westflügel des KonzernForums bringt Kinder und Erwachsene zum Staunen. Die »Länder« des MobiVersums liegen an einem Rundgang durch abwechslungsreiche Sequenzen mit überraschenden Einblicken und Erkenntnissen.

Das ZeitrafferLand

Kunst als Zauberei und Zauber der Kunst mit verblüffender Wirkung: Die Video-Installation der amerikanischen Künstlerin Jennifer Steinkamp stellt den Wechsel der Jahreszeiten als Sekundenphänomen dar: Die Zeit rast im Vorübergehen.

Das ZeitlupenLand

Das ZeitlupenLand wurde zuletzt 2005 vollkommen neu gestaltet. Die Video-Installation des belgischen Künstlers David Claerbout zeigt ein Road-Movie, das bewusst auf Action und Spannung verzichtet. Zwei Autofahrer blicken seitwärts und verfolgen erstaunt ein Ereignis, das allerdings stets ein Geheimnis bleibt.

Eine zweite Einstellung – der Gegenschuss – zeigt die Landschaft, durch die das Auto fährt. Das Kunstwerk verfolgt einen stressfreien, für heutige Verhältnisse geradezu revolutionären Ansatz: Langsamkeit als Qualität.

Langeweile unmöglich: Auch in den Parklandschaften gibt es für Kinder und ihre Eltern jede Menge zu entdecken.

Das ZeitsprungLand
Man sollte sich Zeit nehmen in den beschaulichen Wandnischen, denn dies ist der Bereich erzählter Geschichte und ihrer Reflexion. An Stationen mit Kopfhörern sind ausgewählte Erzählungen des Magazins der StadtAnsichten zu Themen wie Luxus, Respekt oder Vertrauen zu hören, die von bekannten Sprechern wie Irina von Bentheim (Synchronstimme von Sarah Jessica Parker) oder Jörg Thadeusz gelesen werden. Die HörCD ist für 9,90 € im Metropol-Shop erhältlich.

IchBinSchönLand
Eine interaktive Installation des Künstlers Nicolas A. Baginsky. Spielen mit dem eigenen Gesicht, eine Kamera nimmt das Porträt der staunenden Besucher auf, verschmilzt spielerisch das Individuum mit anderen, eine Galerie von »Mischgesichtern« entsteht, unter aktiver Mitwirkung der Durchreisenden.

Rollis Welt
Rolli, ein kleiner Forscher, ist in der Autostadt gelandet, als Besucher aus einem anderen Sonnensystem, das Lichtjahre von der Erde entfernt liegt. Das Inszenierungsteam der Autostadt hat eine Traumwelt um diese Figur geschaffen mit Landschaften und Lebewesen, Pflanzen und Gebäuden, mit Slomo, der Schnecke mit der Menschenkenntnis.

Der Gast mit den roten Strubbelhaaren, im grünen Anzug gekleidet, ist vom fernen Planeten Sinus auf die Erde gereist, um das Leben hier zu erkunden. Als typischer Sinese kennt Rolli keine Angst. Rollis Welt ist weit, ein eigener Kosmos ohne jede Geschäftigkeit. Sinesen liegen den ganzen Tag faul in der Sonne herum, essen nicht, leben mit den Pflanzen und nutzen die Sonne oder das eigene Lachen als Energiespender. Weil Rolli nicht so faul ist wie die anderen, sondern voller Tatendrang und Neugier, jagt er mit den Spacerollern durchs Universum, um in der Autostadt zu landen. »Rollis Reise zum Planeten Sinus« ist der Höhepunkt des MobiVersums, dem Simulator, der Kinder und ihre erwachsenen Begleiter auf eine spannende Fahrt durch das unterirdische Verkehrssystem zum größten

In diesen kleinen Beetle-Modellen werden erste Erfahrungen auf der Straße gemacht. Gar nicht so einfach, aber ein großer Spaß!

und tollsten sinesischen Festtag entführt. Rolli ist nicht nur der Hauptdarsteller in diesem temporeichen Simulatorfilm, sondern begegnet den Besuchern auch im Kinderbuch »Rolli in der Autostadt«. Übrigens: Zu besonderen Gelegenheiten wandert Rolli auch als Laufpuppe durch die Autostadt.

Das RumFahrLand

Hier kommen die Kleinen in Fahrt. Auf einem Areal von 600 qm mit unterschiedlichen Bastelecken haben rund 80 Kinder reichlich Platz und allerhand zu tun. Sie werden von qualifizierten Fachkräften betreut, können malen, basteln und sich körperlich betätigen. Sie sind die einzigen Erwachsenen, die hier Zutritt haben. Die Verkehrsfläche ist für Kinder zwischen drei und elf Jahren reserviert und bietet eine ganze Reihe von Erlebnisstationen. Kindergruppen, die eine ZauberReise, WeltraumReise oder eine WüstenTour gebucht haben, bekommen an der Tuningwand ihren Rallye-Pass und einen Kompass. An einer Bastelstation erhalten sie die Karte der Rallye-Strecke, die sie selbst ausmalen können. An den Quiz- und Rätselstationen werden Geschichten erzählt und Fragen gestellt, die Kinder im Team oder allein beantworten können.

Im 12 m hohen »Gläsernen Motor« sind die einzelnen Etagen den Themen verschiedener Workshops angepasst. So gibt es neben einem Märchenraum eine Etage für sportliche Angebote ebenso wie einen Raum für den theoretischen Part der Verkehrserziehung. Auf der Rallyestrecke können sich die Kleinen in Flitzekisten als Rennfahrer ausprobieren, die schnellste Zeit wird gestoppt.

Aufenthaltszeit 90 Min.

Die WerkStadt im ZeitHaus

(Auto-)Mobilität ist das Thema der WerkStadt im ZeitHaus (→ S. 38). Sie setzt auf praktische Erfahrungen und auf das spielerische Experiment und

Kinder ab fünf Jahren können hier ihren ersten Führerschein machen: Robert hat es schon geschafft.

richtet sich an Kinder und Jugendliche ab acht Jahren. Eine Reihe von ständig neuen Workshops und Vorführungen ergänzen das Angebot.

Workshops für Kinder

Workshops, Lesungen und Vorträge zu wechselnden Themen wie »Vertrauen« oder »Mut«, »Sicherheit« oder »Orientierung« (→ S. 36). Die weit gefächerten Veranstaltungen der Themenkommunikation haben immer ein Extra-Angebot für Kinder. In Märchen und Geschichten werden die Themen in allen Facetten lebendig und spielerisch verarbeitet. In Workshops mit besonderen technischen Schwerpunkten können die Jugendlichen z. B. das Perpetuum Mobile erforschen oder als Brückenbauer tätig werden. Für ältere Jugendliche gibt es Angebote, sich als Filmemacher zu betätigen.

Informationen und Programme: CustomerCareCenter, Tel. 08 00/2 88 67 82 38, Fax 08 00/32 92 88 67 82 38

LernPark

Der Führerschein für Kinder (→ S. 23)

Unterwegs in der Autostadt

Der einmillionste Volkswagen wird im ZeitHaus präsentiert: ein matt golden schimmernder Käfer mit Weißwandreifen. Wer genau hinsieht, erkennt die strassbesetzte Stoßstange.

Zusehen, wie Treibstoff wächst, Stationen des Staunens, Wege ins Neuland, Kinderträume und große Kunst. In selbstbewusster Leichtigkeit inszeniert der Konzern die Vielfalt seiner Marken.

Das KonzernForum

Eine Piazza als Ereignis: leuchtende Kunstwerke, Kinofilme und interaktives Autodesign.

Unter dem Glasboden leuchten die Globen des Künstlers Ingo Günther, der größte schwebt über den Köpfen der Besucher. Maßstab: genau eins zu einer Million.

Der Zugang der Autostadt ist nach Süden orientiert. Vom ICE-Bahnhof Wolfsburg führt die überdachte StadtBrücke über den Mittellandkanal direkt zum Eingang der Autostadt, dem KonzernForum, einem breit hingelagerten Bau mit haushoher Glasfassade, der sich abends wie ein riesiger Leuchtkörper im Wasser spiegelt.

Das Forum einer neuen Welt

Die Piazza
Die Empfangshalle der Autostadt ist ein lichtdurchflutetes, 20 m hohes Atrium in der Mitte des Empfangsgebäudes. Leichtigkeit, Offenheit und Transparenz sind Leitmotive der Architektur. Das Profil der riesigen Glasflächen ähnelt senkrecht stehenden, transparenten Tragflächen. Sie sind beweglich und wetterfühlig, erweisen sich bei näherem Hinsehen als haushohe, mit High-Tech ausgestattete Drehtüren. Jede dieser Drehtüren, sechs im Norden und sechs im Süden, ist 6 m breit, 19 m hoch, wiegt so viel wie 32 VW-Polos, nämlich 32 t, und wird an warmen Tagen (ab 28 ° Celsius) von einem 16-PS-Elektromotor geöffnet, was den geschlossenen Raum in eine offene Säulenhalle verwandelt. Stolz kann die Autostadt darauf verweisen, dass der Gast den Erlebnispark durch die größten gläsernen Drehtüren der Welt betritt.

Das WelcomeDesk
Die ersten Schritte führen zum WelcomeDesk. Hier werden Gäste und Besucher empfangen, gibt es die elektronischen Eintrittskarten, aktuelle Broschüren und Informationen. Das WelcomeDesk ist auch der Treffpunkt für Gruppen- und Einzelführungen durch die Autostadt.

Das Globenfeld
Hinter dem Empfang leuchtet unter dem Glasboden ein Kunstwerk, das Kinder wie Erwachsene gleichermaßen fasziniert: das Globenfeld des in Bad Eilsen geborenen und in New York lebenden Journalisten und Künstlers Ingo Günther. 80 Leuchtgloben behandeln Themen wie Bevölkerungsentwicklung, CO^{2}-Spirale oder Flüchtlingsströme, eine anschauliche Bilanz über den Zustand der Welt. Globus 217 zum Beispiel zeigt ein dichtes Netz von Linien um den Äquator, den Superstau, der – theoretisch – entstehen würde, wenn alle weltweit existierenden Autos hintereinander stehen würden, Stoßstange an Stoßstange. Er reicht 72-mal um die Erde.

Darüber schwebt im Luftraum der Piazza Günthers Skulptur »Exosphere«, ein trotz seines Gewichtes von 4,5 Tonnen schwerelos wirkender Globus im Maßstab eins zu einer Million. Die Meridiane sind aus Aluminium, die Oberfläche mit Glasperlen bestrahlt.

Rot Blau Gelb
Nicht weniger auffallend und geschickt in den lang gestreckten Bau integriert sind die farbigen Baukörper

Die größten Drehtüren der Welt: Das KonzernForum betritt man durch sechs Meter breite und 19 Meter hohe Portale.

Der gewaltige Empfangsraum des KonzernForums wird auch für Veranstaltungen der Themenkommunikation genutzt.

»Rot Blau Gelb« des Künstlers Gerhard Merz, große, geschlossene Räume, die Oberfläche handgearbeitet in feinstem Alabaster-Stuck. Das gelbe Rund umfasst den Bereich für die Abholer (→ ErlebnisAbholung, S. 37), rot und blau sind die Kinos der KonzernWelt.

Die KonzernWelt

Die KonzernWelt liegt im Westteil des Empfangsgebäudes. Hier befinden sich das AutoLab, das MobiVersum (→ S. 36), die Pizzeria AMano sowie – als erster Ankaufpunkt für Freunde schöner und praktischer Dinge – der Shop Metropol Finest Selection (→ S. 21) mit ausgesuchten Unikaten und edlen Souvenirs. Hinter den elektronischen Kartenlesern laden auf der rechten Seite die Naturholztische des familienfreundlichen Restaurants »Pizza AMano« (→ S. 18) ein. Eine Rolltreppe führt in die Ebene 2 des AutoLabs. Ungewöhnlich ist hier das Konzept der Inszenierung. Volkswagen bietet keine Firmenbiografie oder die übliche Leistungsschau, sondern zunächst einmal durchaus verblüffende Selbsterfahrung.

AutoLab

Das AutoLab erstreckt sich über zwei Ebenen der KonzernWelt und vermittelt spielerisch die Komplexität eines global agierenden Unternehmens. Im so genannten »Panorama des KonzernWissens« beispielsweise tauchen die Besucher ein in die Welt der Aktien, Analysen und Dividenden. Mit Hilfe von Touchscreens navigieren sie sich elektronisch über die Kontingente und erfahren so z. B. an welchen Orten der Welt Investorenkonferenzen oder Konzernpräsentationen stattfinden. Zugleich werden auf einem Leuchtband tagesaktuell die Ad-hoc-Meldungen des Konzerns und ihre Auswirkungen auf die Kurse simuliert.

Nebenan geht es spielerisch um eines der spannendsten Themen von Forschung und Entwicklung: künstliche Intelligenz. Während Besucher an einem virtuellen Konstruktionstisch wie in einem dreidimensionalen Puzzle an neuen Auto-Modellen bauen, kommentieren dies die beiden elektronischen Charaktere Jara und Taron mit Charme, Esprit und Hintergrundinformationen.

Im benachbarten CarDesignStudio demonstriert Volkswagen, wie ein Automobil entsteht: von der Handskizze über die Visualisierung von Designdetails bis zur Fräsung eines Plastilinmodells. Darüber hinaus geben Multimediadarstellungen Einblick in die Inspiration junger Designer; erfrischend und mit »kreativer Intelligenz« erzählen die »jungen Wilden« aus der Design-Entwicklung über ihre Herangehensweise an das Thema Auto.

Wer sich nun inspiriert fühlt, kann am Touchscreen eines Designcomputers Autos entwerfen, Karosserien verlängern oder verkürzen, Scheinwerfer und Felgen anpassen oder einen Kombi in einen Offroader verwandeln – ohne Rücksicht nehmen zu müssen auf Vorschriften, Kostenfaktoren oder Grenzen des guten Geschmacks. Und das Beste: Das Resultat wird ausgedruckt oder per E-Mail an den Besucher verschickt.

Auch eine Tour im Fahrsimulator wird ohne Konsequenzen bleiben – aber dennoch gehörigen Respekt bereiten vor den physikalischen Gesetzen von Gravitation und Fliehkraft. Angelehnt an die Ausbildung von Piloten zeigt dieser Simulator, was Autofahrer erwartet, wenn sich plötzlich die Fahrbahn ändert, sich das Wetter verschlechtert oder die Geschwindigkeit nicht angepasst wird: von Hochleistungscomputern blitzschnell errechnet, über eine rechnergestützte Hydraulik übertragen und für den Fahrer im virtuellen Cockpit spürbar gemacht, als ob er diese Situation real erleben würde.

BioSphere

Das SunFuelLab entführt den Besucher in die Zukunftswelt nachwachsender Rohstoffe: Am Computer kann er ein eigenes Pflänzchen setzen. Wenn die Saat aufgegangen ist und der angehende Treibstoff den virtuellen Raffinerieprozess durchlaufen hat, wird der »Energiespender« nach acht Wochen per E-Mail benachrichtigt und erhält die Möglichkeit, einen Flakon mit seinem sonnengereiften Treibstoff abzuholen.

Die Kinos

Im großen 360°-Kino wird »Das Geheimnis der Sicherheit« gezeigt. Von

Herzlich willkommen: Taron und Jara, die virtuellen Charaktere auf der Leinwand, freuen sich über anregende Gespräche mit den Besuchern.

Das CarDesignStudio im AutoLab: Junge Top-Designer wie Peter Wouda von Škoda erklären ihr Handwerk, ihre Philosophie und was sie inspiriert.

neun Kameras gedreht und auf neun Leinwänden, die den Zuschauer umgeben, parallel abgespielt, erzählt der Film von Dani Levy (mit Meret Becker, Felix Eitner und Michael Gwisdek) in der atemberaubenden Kulisse isländischer Naturschönheit das Märchen von der abenteuerlichen Suche nach einem Ort ohne Gefahren.

Das ThemenKino zeigt zwei Kurzfilme zum Thema Leistung – einem Grundwert des Volkswagen Konzerns. Über das persönliche Leistungsverständnis eines Jungen auf einem Golfplatz, der den Gepflogenheiten zum Trotz auf einem Baum sitzt, erzählt Jan Martin Scharfs Film »Der Baum«. »Faces« entwickelt dagegen eine übergreifende, globale Perspektive: Er zeigt Menschen in unterschiedlichen Arbeitswelten, deren konzentrierte Gesichter die Würde der Leistung des Einzelnen symbolisieren.

Im blauen Baukörper »Mobi Globe« versetzt Regisseur Johannes Brunner (»Oktoberfest«) den Zuschauer in die Städte Los Angeles, Zürich, Bangkok und Mumbai, das ehemalige Bombay, und stellt die unterschiedlichen Auswirkungen der Mobilität zur Diskussion. Während in L. A. das Auto ein Lifestyle-Instrument ist, bemüht sich Zürich, die Stadt mit der höchsten Pro-Kopf-Fahrzeugdichte, um neue Verkehrssysteme. In Thailands Hauptstadt symbolisiert das Auto den sozialen Status seines Besitzers, während Mumbai unter der Last der Menschen mit ihren individuellen wie auch öffentlichen Verkehrsmitteln zu kollabieren droht.

Die Länder des MobiVersums

Auf der Ebene Null, im Erdgeschoss also, öffnet sich das faszinierende MobiVersum (→ S. 27), die Welt des Staunens und der überraschenden Erkenntnisse für die Familie. Das MobiVersum, eine neu gestaltete Attraktion, ist in Länder geteilt, ZeitlupenLand, ZeitrafferLand, ZeitsprungLand und IchBinSchönLand sowie den Simulator (Rollis Welt). Gleich daneben das RumfahrLand mit Bastelecke und Betreuung durch pädagogisch qualifizierte Fachkräfte (→ S. 29). Nur wenige Schritte entfernt: der LernPark (→ S. 23), in dem Kinder ihren ersten Führerschein machen können.

Themenkommunikation
Im rechten, östlichen Teil des Empfangsgebäudes befinden sich mehrere intensiv genutzte Lounges und Seminarräume.

Jedes Quartal behandeln die Macher der Autostadt hier ein anderes Thema wie zum Beispiel »Orientierung«, »Luxus« oder »Vertrauen«, »Respekt«, »Erfahrung« oder »Zuversicht«. Diese Sujets, entwickelt von einem speziellen Inszenierungsteam und publiziert im Autostadt-Magazin »StadtAnsichten«, werden im Themenpark des Volkswagen Konzerns durch eine Reihe von Veranstaltungen wie Lesungen, Diskussionsforen und Workshops vertieft und in speziellem Zuschnitt auch für Kinder als Erlebnis oder Event gestaltet.
Programme und Termine über www.autostadt.de oder im Magazin StadtAnsichten (6 € Schutzgebühr im Zeitschriftenhandel); Reservierung von Karten und Anmeldung zu Veranstaltungen: CustomerCareCenter, Tel. 08 00/2 88 67 82 38 (kostenlos)

ErlebnisFührung
Zweistündige Führung durch Piazza, KonzernWelt, ZeitHaus und Pavillons. Treffpunkt am WelcomeDesk.
Informationen und Programme: CustomerCareCenter; Tel. 08 00/2 88 67 82 38, Fax 08 00/32 92 88 67 82 38

ErlebnisAbholung
Auf der rechten Seite des KonzernForums führt eine Rolltreppe ins Restaurant »Chardonnay« (→ S. 17), eine andere mit dem auffallenden Schriftzug »VorFreude« in die AbholerWelt, den Bereich, der die Abholung eines Neuwagens einleitet (→ ErlebnisAbholung, S. 53).

Abholer erkennt man an der dunkelblauen Autostadt-Tasche oder am Mitführen der Nummernschildern. Das Auto wird am Tag vor der Auslieferung in den AutoTürmen (→ S. 54) bereitgestellt und im KundenCenter übergeben. Der Prozess der Auslieferung dauert übrigens etwa 90 Minuten.

Im SunFuelLab wächst Treibstoff. Per Computer werden die kleinen Pflänzchen ausgesät; nach acht Wochen sieht man erste Ergebnisse.

Das ZeitHaus

Reise in die Vergangenheit zu Meilensteinen der Automobilgeschichte, nicht nur aus dem Hause VW.

Im Jahr 2004 wurde er genau ein halbes Jahrhundert alt: der Bentley R-Type Continental, ein sehr eleganter Brite.

Im ZeitHaus, einem Musterbau interaktiver Museumskultur, glänzen Raritäten der Automobilgeschichte. Weil das ZeitHaus sich nicht auf die Firmengeschichte des Konzerns beschränkt, sondern auch die Glanzstücke der Konkurrenz präsentiert, ist es unter den Werks-Automuseen in Europa ohne Vergleich.

Das ZeitHaus besteht aus dem geschlossenen, dreigeschossigen Corpus, dem Baukörper für die unterhaltsam und abwechslungsreich inszenierte Geschichte der Mobilität, und dem Rack, einem fünfstöckigen gläsernen Großregal, in dem eine Auswahl der schönsten Fahrzeuge aller wichtigen und großen Marken gezeigt werden, Klassiker des Automobilbaus, Kultmobile und wertvolle »Garagenfunde«. Eine Rolltreppe führt geradewegs in den fünften Stock, dort beginnt der Rundgang. Laufbrücken über dem Lichthof verbinden die Gebäude und machen es möglich, abwechselnd im Corpus Filme zu sehen oder in der Glasmenagerie des Automobildesigns an den polierten Klassikern vorbei nach unten zu wandern.

Das lebendige Museum

Jedes Stockwerk des Corpus ist einem Thema gewidmet, das historische und soziokulturelle Facetten schildert, eine Abenteuerreise in die Kulturgeschichte des Zeitgeistes.

Ein Schaufenster des Zeitgeistes ist auch das Rack, in dem die Meilensteine des Automobilbaus stehen. Der Spaziergang beginnt in Rack 5 mit der Themeninsel der Luxuswagen, einem riesenhaften Rolls-Royce Silver Ghost aus dem Jahre 1922 und den imponierenden Klassikern von Bentley und Bugatti, Horch und Cadillac. Auf der Parallelebene des Corpus 5 führt der Weg von der »Geburt« des Automobils über die Dreißigerjahre ins Wirtschaftswunder mit Krämerladen und Tankstelle bis hin zur Globalisierung. Der Film »Wie das Rad die Welt veränderte« ist 2

Der Innenraum des Horch V-12, einer der technisch aufwendigsten Luxuswagen seiner Zeit. Gebaut wurde er lediglich von 1931 bis 1934.

Die automobilen Schmuckstücke des ZeitHauses sind auf einem gläsernen Regal ausgestellt; jedes »Fach« zeigt einen anderen Autotyp.

ebenso sehenswert wie die Vielfalt der Käfer und ihrer Konkurrenten.

Rack 4 widmet sich der Geschichte des Volkswagen Golf: vom Golf I über den ersten Diesel-Golf, den GTI und den Scirocco bis hin zum letztgebauten Golf Cabrio. Auch Mittelklasse-Meilensteine sind hier gereiht – darunter ein total verstaubter Lancia Aurelia von 1951, authentisches Beispiel eines naturbelassenen »Garagenfundes«.

Rack 2 zeigt Sportwagen von den legendären Porsche-Modellen 356 und 911 über den Jaguar E-Type, Honda S 800 bis hin zum Lamborghini Diablo GT, dem schnellsten Serien-Sportwagen des 20. Jahrhunderts.

Die Corpus-Ebenen 2 und 3 sind für spannende Wechselausstellungen reserviert, seien es »Auto für alle«, »Frau und Auto« oder eine Schau historischer Fotografien.

Rack 1 ist besonders für Kinder (ab 8 Jahren) ein spannendes Revier: Die WerkStadt vermittelt Erfahrungen mit Grundlagen von Physik und Technik (Anfassen erwünscht!). Es gibt Experimentierstationen wie Wasserspieltisch, Motorenspieltisch und den Zahnrädersalat, Solarmobile fahren umher. Workshops für Gruppen oder Schulklassen vertiefen die Erfahrung.

Rack 0, das Erdgeschoss, bietet wechselnde Ausstellungen, den Shop ZeitReise (→ S. 21) und das Restaurant ANAN (→ S. 17). Im kleinen Kino zeigt der Film »Bis ans Limit« dramatische Szenen aus der Geschichte des Rennsports.

Informationen: Tel. 0 53 61/40 63 38; tgl. 9–18 Uhr; 24. und 31. Dez. geschl.

Eine weitere Sammlung bemerkenswerter Automobil-Klassiker in Wolfsburg: Stiftung AutoMuseum (→ S. 64)

Meilensteine im ZeitHaus

1. Benz Patentmotorwagen

Ein authentischer Nachbau der genialen Konstruktion von Carl Benz. Der Patentmotorwagen gilt als erstes

Automobil der Geschichte. Berta Benz, die Frau des Erfinders, packte ihre Kinder in das Gefährt und fuhr, ohne ihren Mann zu fragen, mit Wundbenzin aus der Apotheke als Treibstoff von Mannheim nach Pforzheim.
Baujahr: 1886
Motor: 984 ccm, Einzylinder Benzinmotor
Leistung: 0,88 PS
Höchstgeschwindigkeit: 16 km/h

2. VW 1200
Der einmillionste Volkswagen (damals wurden VW-Bus und Transporter noch mitgezählt), ein matt schimmerndes Goldstück mit Weißwandreifen und strassbesetzten Stoßstangen.
Baujahr: 1955
Motor: 1192 ccm Boxer, luftgekühlt
Leistung: 30 PS
Höchstgeschwindigkeit: 110 km/h

3. Bentley R-Type Continental
Ein echter Brite, »very fashionable« mit Fließheck, ein 1625 kg schweres Luxusfahrzeug mit hauchdünnner, nur 350 kg schwerer Karosserie.
Baujahr: 1954
Motor: 4566 ccm, Sechszylinder
Leistung: 160 PS
Höchstgeschwindigkeit: 180–190 km/h

4. Porsche 356
Das erste Serienmodell aus der Sportwagenschmiede Dr. Ing. h. c. F. Porsche GmbH in Stuttgart. Ein fischsilbergraues Coupé mit geteilter Windschutzscheibe, Drehzahlmesser, Ölthermometer und Röhrenradio.
Baujahr: 1952
Motor: 1286 ccm, Vierzylinder Boxer, luftgekühlt
Leistung: 44 PS
Höchstgeschwindigkeit: 140 km/h

5. Bugatti 57 SC Atlantic
Das SC steht für Sport Compresseur. Der authentische Nachbau des Meisterwerks von Jean Bugatti mit den geteilten Scheiben und sechs Auspuff-

So sah es aus, das erste Automobil der Welt. Berta Benz, Ehefrau des Erfinders Carl Benz, trat 1886 die erste Testfahrt an – ohne ihren Mann zu fragen.

rohren gilt als einer der schönsten Sportwagen, die je gebaut wurden.
Baujahr: 1939
Motor: 3257 ccm, Achtzylinder Kompressor
Leistung: 200 PS
Höchstgeschwindigkeit: 200 km/h

6. Citroën DS
Das Kürzel DS wird wie »déesse« (deess) gesprochen, das französische Wort für Göttin, und so schwebte die gasgefederte Limousine mit dem revolutionären Design auch durch die Fünfziger Jahre, ihrer Zeit weit voraus.
Baujahr: 1956
Motor: 1898 ccm, Vierzylinder-Reihenmotor
Leistung: 75 PS
Höchstgeschwindigkeit: 145 km/h

7. Hanomag Kommissbrot
Die witzige Pontonkarosserie mit Mittelmotor bot zwei Personen Platz. Fürs Gepäck blieben nur der Fußraum oder der Gepäckträger. Die Karosserie aus gepressten Blechen saß auf einem Stahlrohrrahmen mit Holzplankenboden. Ein echter Volkswagen: gebaut wurden immerhin 16 000 Stück.
Baujahr: 1927
Motor: 502 ccm Einzylinder
Leistung: 10 PS
Höchstgeschwindigkeit: 60 km/h

8. Horch, Modell 670
Ein Luxuswagen-Monument, 2,3 t schwer und mit selbst nachstellendem Ventilspiel. Heinz Rühmann fuhr diesen Wagen im Kinofilm »Heimkehr ins Glück«.
Baujahr: 1932
Motor: 6021 ccm, Zwölfzylinder V-Motor
Leistung: 120 PS
Höchstgeschwindigkeit: 140 km/h

9. NSU Ro 80
Ein Muster an Innovation! Die nur 1280 kg schwere Limousine aus

Der Cadillac V 16 – weltweit das erste Serienautomobil mit 16 Zylindern. Wie der Horch gehört er zu den Meilensteinen der Automobilgeschichte.

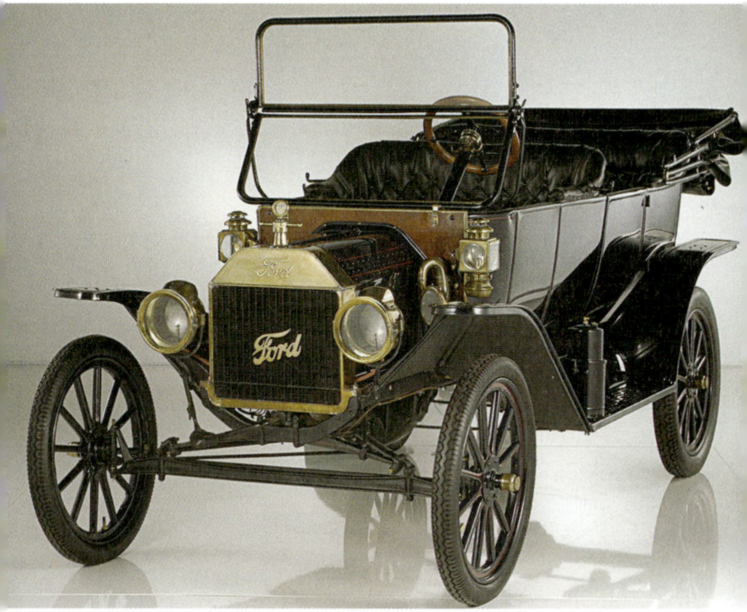

Legendär: Das Ford Modell T, besser bekannt als Tin Lizzie, ist das erste Auto der Welt, das am Fließband produziert wurde.

Neckarsulm nahm schon 1967 die Keilform voraus und hatte ein revolutionäres Motorkonzept, das sich allerdings gegen den Otto-Motor nie durchsetzen konnte.
Baujahr: 1977
Motor: Zweischeiben-Wankelmotor mit 995 ccm Hubraum
Leistung: 115 PS
Höchstgeschwindigkeit: 180 km/h

10. VW Bully
Ein echtes Original nicht nur wegen der kultigen Sinalco-Werbung, Arbeitstier des Wirtschaftswunders und das älteste noch erhaltene, straßentaugliche Modell des Transporters aus dem Volkswagen Werk.
Baujahr: 1950
Motor: 1192 ccm Vierzylinder Boxermotor
Leistung: 25 PS
Höchstgeschwindigkeit: 80 km/h

11. Austin Mini
Der einmillionste Mini, der Beatle unter den Kultmobilen einer ganzen Generation, »very british«! Und erster Kleinwagen mit quer zwischen die Vorderräder gesetztem Vierzylinder.
Baujahr: 1965
Motor: 848 ccm 4-Zylinder-Reihenmotor
Leistung: 34,5 PS
Höchstgeschwindigkeit: 118 km/h

12. Ford Tin Lizzy
Dieser Klassiker aus der ersten Großserienfertigung in der Geschichte des Automobilbaus wurde 15 007 033 mal verkauft, ein Rekord, der erst 1972 vom VW Käfer übertroffen wurde.
Baujahr: 1913
Motor: 2884 ccm 4-Zylinder-Reihenmotor
Leistung: 20 PS
Höchstgeschwindigkeit: 65 km/h

Die Pavillons

Attraktionen im Erlebnispark. Der Konzern zeigt die Vielfalt seiner Marken.

An 360 roten Außenspiegeln vorbei geht es in den Seat Pavillon, eine von sieben fantasievollen Marken-Inszenierungen.

Im Norden der Piazza öffnet sich das Parkgelände der Autostadt, eine Kunstlandschaft mit Hügeln und Lagunen, Brücken und Bauten. Die architektonisch individuell gestalteten MarkenPavillons zeigen die Vielfalt des Konzerns.

Bentley Pavillon
Die dynamische Rundung der flach auf einem Erdhügel ruhenden Granitplatte zeigt die schnellen Kurven von Le Mans, wo Bentley in den Zwanzigerjahren fünfmal das Rennen für sich entschied und 2003 im Speed 8 gewann. Eine 8 m große Kurbelwelle ragt als Riesenskulptur ins Bergwerk der exklusiven Lebensart. Der Weg führt unter die Erde. Im Lederraum und im Holzraum wird die Noblesse der Materialien präsentiert. Der Bentley Arnage, 2,6 t schweres Topmodell der Nobelmarke, wird zu achtzig Prozent in Handarbeit gefertigt (allein die Holzausstattung nimmt 62 Mannstunden in Anspruch) und glänzt in zeitloser Schönheit, stündlich von Hand poliert.

Lamborghini Pavillon
Ein schwarzer, würfelförmiger Monolith in der Parklandschaft, wie aus dem Weltraum herabgestürzt. Innen wird ein Lamborghini Murciélago LP 640 gefangen gehalten (der Name erinnert an einen berühmten Kampfstier). Die heiße Inszenierung entfesselt Naturgewalten, Blitz, Donner und Nebel, der Sound trifft die Schmerzgrenze des Hörvermögens. Dann dreht sich eine Scheibe in der Außenwand, und die Welt erblickt den leuchtend gelben Sportwagen. Wenn man ihn in die Freiheit entließe, käme er in sagenhaften 3,8 Sekunden von Null auf hundert Stundenkilometer.

Spielfeld der Fantasie

Den Kurven von Le Mans ist die Form des Bentley Pavillons nachempfunden, der sich hier an den Hügel schmiegt.

Der Lamborghini Murciélago dreht sich alle 20 Minuten unter Blitz und Donner aus seinem schwarzen Gefängnis.

In diesen geheimnisvollen Formen »wachsen« die Škoda-Modelle heran ...

Škoda Pavillon
Der Pavillon in der kreisförmigen Gestalt dokumentiert die Erfolgsstory einer Manufaktur, die mit dem Bau von Fahrrädern begann, dann Motorräder entwickelte und 1905 zur Autoschmiede wurde. Bronzefiguren illustrieren böhmische Geschichte vom Reformator Jan Hus über das Lager Theresienstadt bis zum Besuch der Rolling Stones bei Vaclav Havel und Hans-Dietrich Genschers historischem Aufritt auf dem Balkon der Deutschen Botschaft in Prag. Der interaktive Navigator der sieben Welten lässt über Tastbildschirm die Illusion Prager Prachträume in der schwarzen Kuppel entstehen. Im »Ausgang der Gewissheit« stellt ein riesiger Autositz das Selbstwertgefühl auf die Probe. Eine schöne Idee sind die Überraschungseier, in denen die Mobile der Volkswagentochter heranreifen.

Seat Pavillon
Durch einen Aluminiumbogen, aus dem es zart »Seat« haucht, führt der

Wenn Neugier und innovatives Denken
mit einer Auszeichnung belohnt werden ...
... dann muss es live! sein!
Doppelter Grund zur Freude: Der Innovationspreis 2007 der Internationalen Tourismus-Börse ITB in der Kategorie „Kompakte Reiseführer" geht an MERIAN live! – für die nützlichen und spannenden Neuerungen „herausnehmbarer Faltplan" bzw. „MERIAN Quiz". Darüber freuen wir uns sehr. Und Sie können sich noch mehr auf Ihre nächste Reise freuen!
Mehr Informationen unter
WWW.MERIAN.DE
MERIAN live!
Die Lust am Reisen
MERIAN live!
Berlin
EXTRA: Berlin-Lexikon
Hackesche Höfe – Wo Berlin sich amüsiert
• Galerien und Museen – Wo alte Meister und Junge Wilde sich begegnen
EXTRA MERIAN Quiz mit Gewinnspiel
NEU Stadtplan zum Herausnehmen

Der Seat Pavillon in mildem Abendlicht, umgeben vom Wasser der Lagune. Die AutoTürme überstrahlen die Szenerie.

Weg – olé! – über eine »Rambla« genannte Holzbrücke in den 1111 qm großen Pavillon, die iberische Halbinsel in der Autostadt, umgeben vom Wasser der Lagune. Leuchtend weiße Kacheln reflektieren das Licht und der Besucher tritt an 360 roten Seat-Rückspiegeln vorbei ins Innere dieser temperamentvollen Inszenierung. Flammende Projektionen. Brennende Herzen. Auto emoción. »Competition runs in our genes«, Wettbewerb als genetisches Programm. Im Cyclorama, einer 360°-Kinoleinwand, tanzt ein Mädchen durch Spanien, ein Dreieinhalbminuten-Film nicht ohne Poesie. Ein geschwungener Pfad, begleitet von Sound-Effekten, führt zu einer Glassäule, in der als Vision der neuen Designsprache Dynamic Line ein unkonventionell pfiffiger Prototyp gezeigt wird. Der Seat Toledo lässt die Kontur künftiger Modelle erahnen.

Unübersehbar: Der Audi Pavillon steht ganz im Zeichen der vier Ringe.

Audi Pavillon

Die Welt der Audifahrer, symbolisiert in einem Bau, der das Logo der vier ineinander greifenden Ringe aufnimmt, und ein Erlebnispfad, gestaltet in zehn Ereigniszonen mit High-Tech-Wohnsitz in modernem Design.

Die Evolution der Marke wird demonstriert, das Motiv »Vorsprung durch Technik« in mehreren Variationen durchgespielt, witzige Filme über die Entstehung von Werbefilmen gezeigt. Der Spaziergang führt vorbei an Skulpturen, Konzeptstudien und aktuellen Produkten.

Die Pavillons von Škoda und Seat, vom ZeitHaus aus betrachtet. Das Wasser symbolisiert die Zugehörigkeit zum Konzern, die Brücken zeigen, dass jede Marke ihren Charakter bewahrt.

Volkswagen Pavillon

Nachts ist er in magischem Blau illuminiert, der gläserne Würfel, der eine gigantische, 70 t schwere Kugel umschließt. Sie öffnet sich in geregelten Zeitabständen und entpuppt sich als 360°-Kuppelkino und bietet ein fast globales Markenerlebnis. Gezeigt werden vier atmosphärisch leichte Kurzfilme zu den Themen Lebensfreude, Unabhängigkeit, Vertrauen, Perfektion und Volkswagen als Partner fürs das Leben. An den gläsernen Würfel schließt sich ein Ausstellungsraum an, der die aktuelle Neuheit von VW präsentiert.

Auch der Audi Pavillon scheint auf dem Wasser zu schweben, die metallene Außenhaut nimmt das moderne Design des Inneren vorweg.

Die Kugel im Volkswagen Pavillon scheint schwerelos, doch sie ist 70 Tonnen schwer. Im Inneren befindet sich ein 360-Grad-Kino.

Der Volkswagen Pavillon von außen: Ein gläserner Würfel umschließt Kugel und Kino. Nachts strahlt er in magischem Blau.

Volkswagen Nutzfahrzeuge

Zu erkennen ist der Volkswagen-Nutzfahrzeuge-Pavillon an seiner geradlinigen Form, die an die Silhouette eines Transporter-Modells erinnert. Große Glasflächen im Kontrast zur metallischen Außenhaut des Pavillons verstärken diesen Eindruck. Doch der Begriff Nutzfahrzeuge führt in die Irre. In Wahrheit geht es um Lebensqualität und Freizeitvergnügen. Der Pavillon lädt zu interaktiven Erfahrungen wie dem Beladen eines Crafters mit einem Kran oder der Erkundung des Pavillons aus der Sicht eines Drachenfliegers ein. Entspannen kann man auf den beiden Massageliegen oder aber auch im Inneren des 8 m hohen Wasserdoms.

Alle Pavillons: tgl. 9–18 Uhr; 24. und 31. Dez. geschl.

Das KundenCenter

Abholer im Glück: Man erkennt sie an den strahlenden Gesichtern und Nummernschildern unterm Arm.

Gespannte Erwartung und viel Vorfreude: Im KundenCenter werden täglich viele hundert Neuwagen ausgeliefert.

Ein kühnes Bauwerk ohne tragende Teile, rundumverglast, als weite, flache Ellipse mit schwebendem Dach, aufgehängt an einem schräg in den Himmel ragenden Pylonen: Der Terminal für Kunden und Abholer von Neuwagen liegt im Osten der Autostadt und erinnert an eine lichtdurchflutete, moderne Abflughalle mit Anzeigetafeln, auf denen nicht Airlines oder Fernziele, sondern die Kunden aufgerufen werden. Darüber wehen die Banner mit Signets von Matt Mullican als heitere Signale der Kunst am Bau.

Lichtdurchfluteter Terminal

Die Kunst des Automobilbaus dokumentieren einige Neuheiten des Konzerns. Im CollectionShop (→ S. 21) gibt es Spielzeug für kleine Kinder und große Erwachsene sowie Originalzubehör von Volkswagen. Im unauffällig integrierten Verwaltungstrakt haben Prospektcenter und Volkswagen Financial Services ihren Platz. Vom gläsernen Balkon im gehobenen Bereich blicken das Restaurant Tacho Meter und das StadtCafe (→ S. 18) auf die Szenerie.

Eine Treppe führt zum Simulator, für den man schon ganz gute Nerven braucht. Als schwer erziehbares, offenbar sehr temperamentvolles Gefährt rast der Simulator in aberwitzigem Tempo durchs Volkswagen Werk und durch die Autostadt. Immer wieder versucht Hardy Krüger jun. den Ausreißer zu stoppen. Doch vergeblich: Erst im Auslieferungsturm kommt er zur Ruhe.

Erlebnis Abholung

Täglich reisen viele hundert Neuwagenkäufer an, Händler und Privatkunden, die ihr Auto abholen wollen. Die meisten kommen zu zweit, viele mit ihren Familien. Vor allem samstags ist der Andrang groß und die vielen Kundenbetreuer haben alle Hände voll zu tun. Dabei vollziehen sich die entscheidenden Schritte der Übergabe vollautomatisch. Die vorbereiteten Neuwagen werden aus den AutoTürmen gegriffen, bevor sie zum Kunden gelangen.

Die Übergabe erfolgt zu ebener Erde, wo die stolzen Besitzer nach eingehender Instruktion mit ihrer Neuerwerbung fotografiert werden können. Dann rollen sie mit ihrem neuen Volkswagen ins Freie. Das Bild wird ihnen bei der Ausfahrt gleich überreicht.

AbholerWelt im KonzernForum, tgl. 7.30–18, KundenCenter und Fahrzeugübergabe tgl. 8–18 Uhr, 24. und 31. Dez. geschl.

Erlebnis Abholung

Bis zu 6 Eintrittskarten, 45-minütige Autostadt-Übersichtsführung, WerkTour (gemäß von Produktionszeiten und Verfügbarkeit), Verzehr- und Shopgutschein; Informationen unter der ServiceLine, Tel. 08 00/ 2 88 67 82 38

Erlebnis Abholung deluxe

Übernachtung und Frühstück für zwei Personen im »The Ritz-Carlton, Wolfsburg«, 2 Eintrittskarten mit zweitägiger Gültigkeit, zweistündige Autostadt-Erlebnisführung, WerkTour (abhängig von Produktionszeiten und Verfügbarkeit); Informationen unter der ServiceLine, Tel. 08 00/ 2 88 67 82 38

Wie eine Abflughalle wirkt das luftige, von nur einem Pylonen getragene Gebäude des KundenCenters.

Die AutoTürme

Die Wahrzeichen der Autostadt leuchten über Wolfsburg: ein hochfunktionales, funkelndes Baujuwel.

Von Roboterarmen werden die Neuwagen aus den AutoTürmen gehoben – ganz ohne übernatürliche Kräfte.

Von Geisterhand bewegt

Die gläsernen Zylinder, weithin sichtbares Wahrzeichen der Autostadt, sind nachts illuminiert und dienen als vollautomatische Hochregale für die Auslieferung von Volkswagen und Audi. Jeder der 48 m hohen Doppeltürme fasst 400 Neuwagen in zwanzig Stockwerken. Sie werden über eine gläserne Brücke vom benachbarten Werk herangerollt, vom vollautomatischen, elektronisch gesteuerten Regalsystem in den Turm gehoben und in die vorgesehene Position gezogen, wo sie auf das Eintreffen des Kunden warten. Das elektronische Signal des Kundenbetreuers bringt das Hochlager in Bewegung. Das Ladegerät greift das Fahrzeug heraus, zieht es in den Fahrstuhl in der Mitte des Turms, wo es nach unten schwebt. Unsichtbar rollt es durch einen Tunnel unter dem Wasserbecken in das KundenCenter, wo die Nummerschilder im LastFinish-Bereich montiert werden, bevor es in die Auslieferungsebene rollt. Erstaunlich: Alle 45 Sekunden wird ein Neuwagen aus dem vollautomatischen Regalturm gegriffen und in nur vier Minuten bis zum KundenCenter gebracht. Jeden Tag werden im Schnitt über 600 Autos auf diese Weise ausgeliefert. Von etwa 40 000 Besuchern der Autostadt kommen rund 2000, um ein Auto abzuholen.

Die Anzeigetafel verrät, wer als nächstes sein neues Fahrzeug in Empfang nehmen darf.

Vor allem nachts zeigt sich die geniale Konstruktion der AutoTürme, erstrahlen sie wie Symbole gegen den Himmel.

Das Volkswagen Werk

Ein Riese wird besichtigt: das Volkswagen Werk als Heimat des Käfers und mächtiger Weltkonzern.

Das am höchsten automatisierte Automobilwerk der Welt beschäftigt zwar 1915 Roboter, die Anzahl der »menschlichen« Mitarbeiter liegt mit knapp 50 000 jedoch deutlich höher.

Das Volkswagen Werk in Wolfsburg ist ein riesiger, komplexer Organismus, ein Werk, dessen gewaltige Dimension das Vorstellungsvermögen übersteigt. Die WerkTour vermittelt einen Eindruck von der machtvollen Ästhetik der Industriearchitektur und gestattet einen Einblick in die Größenordnungen der Produktionsstätte, in der Käfer und Golf, das am längsten und das am meisten verkaufte Auto der Welt, entstanden.

Das Volkswagen Werk in Zahlen

Mehr als 6 Millionen Quadratmeter misst das Gelände des größten Automobilwerks der Welt. Allein unter den überdachten Hallenflächen fände das Fürstentum Monaco Platz.

75 Kilometer misst das Straßennetz auf dem Werksgelände. Unter den Hallendächern verkehren mehr als 10 000 Lastwagen, Sonder- und Flurfahrzeuge inklusive Anhänger sowie mehr als 6500 Fahrräder.

2400 Tonnen Stahlblech werden im weltweit größten Presswerk täglich zu rund 500 000 Einzelteilen bzw. 4500 Teilesätzen verarbeitet. Die Pressen üben bis zu 8100 Tonnen Druck aus.

45 900 Menschen arbeiten bei Volkswagen in Wolfsburg, davon 17 000 in der Produktion, 90 im Gesundheitswesen und 78 bei der Feuerwehr. Zurzeit lernen 2000 Azubis bzw. Studenten in rund 30 Berufen.

20 000 warme Mahlzeiten werden täglich in der Zentralküche aus 18 Tonnen Lebensmitteln vorbereitet. Auf dem Gelände gibt es 12 Betriebsrestaurants. Das größte hat 1112 Sitzplätze.

1,8 Millionen Currywürste werden pro Jahr in der hauseigenen Fleischerei produziert, bis zu 500 Tonnen Fleisch werden für verschiedene Wurstspezialitäten verarbeitet.

1915 Roboter sind bei VW im Einsatz. Volkswagen ist das am höchsten automatisierte Automobilwerk der Welt. Oft arbeiten bis zu sechs Roboter an einem Teil.

Das größte Automobilwerk der Welt

Computergesteuerte Roboter biegen **16 Kilometer** Bremsleitungen am Tag.

Bis zu 3400 Fahrzeuge können im Werk pro Tag gefertigt werden. 2005 wurden rund 576 000 Fahrzeuge vom Typ Golf, Golf Plus, Touran sowie Tiguan produziert.

3600 verschiedene Teile können in einem Golf verbaut sein. Insgesamt gibt es mehr als 20 000 Teile, um seine zahlreichen Varianten herstellen zu können. Allein beim Golf Trendline ergeben sich 84 000 Kombinationsmöglichkeiten.

Mehr als 110 Doppelstockwaggons mit rund 1200 Fahrzeugen sowie 120 bis 160 Autotransporter verlassen täglich das Volkswagen Werk. Volkswagen besitzt in Wolfsburg das größte private Bahnnetz in Europa.

Bis zu 550 Neuwagen werden pro Tag in der Autostadt ausgeliefert.

Der Volkswagen Konzern in Zahlen

Über 104 Milliarden € Umsatzerlös (Platz fünf in der Weltrangliste der Automobilproduzenten).

Mehr als 70 Gesellschaften und Beteiligungen weltweit.

Nahezu 325 000 Mitarbeiter in 28 Ländern arbeiten für Volkswagen.

Über 130 Millionen Fahrzeuge hat der Konzern bisher in 150 Länder verkauft.

8 Marken des Konzerns produzieren über 120 verschiedene Modelle.

Autostadt-ABC

Was, wo und wann? Die Autostadt und ihre Attraktionen auf einen Blick. Ein Lexikon der Vielfalt.

Ach du dickes Ei! Die Ostereier auf der Blumenwiese wecken Assoziationen an ein Spiel, das man eher auf grünem Stoff vermutet.

Anreise
Die Autostadt ist über die Autobahn A 2 Hannover-Berlin sowie mit dem ICE erreichbar (→ S. 104).

AutoLab
Informationen und interaktive Kommunikation zum Thema Auto auf zwei Ebenen im KonzernForum (→ S. 34).

AutoTürme
Gläserne Zylinder für 800 Neufahrzeuge und Wahrzeichen der Autostadt (→ S. 54/55).

Dufttunnel
Ein Kunstwerk für die Nase. Der Däne Olafur Eliasson gestaltete den lichten Tunnel aus hängenden Töpfen, in denen es grünt und blüht. Die Düfte wechseln im Zeitraum April bis September.

Eintrittspreise
Tageskarte: 15 €, ermäßigt 12 €, Kinder (6–17 Jahre) 6 €, Familien (2 Erwachsene, + alle Familienkinder bis 17 Jahre) 38 €.

Eislaufen
→ Winterprogramm, S. 25

Entfernungen
Die Entfernungen zur Autostadt Wolfsburg in Kilometern: Berlin 231, Braunschweig 30, Bremen 194, Celle 63, Dresden 301, Düsseldorf 358, Frankfurt 373, Goslar 76, Hamburg 172, Hannover 87, Köln 375, Leipzig 191, Magdeburg 78, München 597, Paris 850, Stuttgart 533, Wernigerode 91, Wien 716, Zürich 737.

ErlebnisAbholung
Neuwagen ab Autostadt. → KonzernForum, (→ S. 37), und KundenCenter, (→ S. 53).

Fotografie
Das Hotel The Ritz-Carlton, Wolfsburg ist mit 600 Originalkunstwerken ein Museum der Fotografie. In Zimmern, Fluren, Lobby und Restaurants hängen unter anderem Originalfotos von Robert Mapplethorpe, Thomas Struth, Arnold Newman und Heinrich Heidersberger (→ S. 15).

FrühlingsErwachen
Riesenostereier und ein Dufttunnel im Park. Das Frühlingsprogramm der Autostadt.

Führungen
Übersichtsführung durch die Autostadt (Dauer 45 Min) 5 €, Gruppen (bis 20 Personen) 75 €. Führungen mit eigenem TourGuide für Einzelpersonen und Gruppen (bis 20 Personen) nach Absprache. Erlebnisführung (zwei Stunden) 11 €, Gruppen (bis 20 Personen) 150 €, Gruppen (Schüler und Studenten) 70 €; Treffpunkt für Führungen ist das WelcomeDesk im KonzernForum.
Buchung für Gruppen- und Einzelpersonen: service@autostadt.de; Fax 08 00/32 92 88 67 82 38

Gastronomie
Es gibt neun Mövenpick-Restaurants in der Autostadt: TachoMeter und StadtCafé (KundenCenter), Beefclub, Trattoria Barolo, Lagune Foodhalls, Chardonnay und Pizza AMano im KonzernForum, ANAN im ZeitHaus sowie die StrandBar. Außerdem auf dem Gelände: Das Gourmet-Restaurant Aqua, das Restaurant The Grill und die Terrasse im The Ritz-Carlton, Wolfsburg (→ S. 16–18).

GeländeParcours
Das Trainingsgelände für den Touareg (→ S. 22).

Hotel
The Ritz-Carlton, Wolfsburg, 174 Zimmer Luxus pur (→ S. 14–15).

Jahreswagen
Die beliebten Mitbringsel aus Wolfsburg, von privat an privat (MERIAN-Tipp, → S. 21).

Kinderbetreuung
Das MobiVersum im Westflügel des KonzernForums, in dem die Kleinen drinnen und draußen bestens beschäftigt sind: alles Spielen dreht sich um Mobilität, Fantasie und Verkehrserziehung. (→ S. 26–29).

Kinos
Die Autostadt verfügt über sieben Kinos und zwei Simulatoren: Ein 360°-Kino im ersten, ein ThemenKino im zweiten und eine weitere Filminszenierung im blauen Baukörper im ersten Obergeschoss der KonzernWelt (→ S. 36), ein großes und ein kleines Kino im ZeitHaus (→ S. 39/40) sowie je ein Kino in den Pavillons von Seat und VW (→ S. 46 und 49). Außerdem gibt es jeweils einen Simulator in der KonzernWelt und im KundenCenter (→ S. 53).

KonzernForum
Eingang und Zentrum der Autostadt mit fünf Restaurants und Metropol-Finest-Selection-Shop, KonzernWelt mit AutoLab, MobiVersum, RumFahrLand, Kinos und vielen Attraktionen (→ S. 32–37).

KraftWerk
Stillgelegter Energiespender mit vier Riesenschornsteinen – wird im April und Mai anlässlich der Movimentos Festwochen (→ S. 25) in ein Tanztheater umgewandelt.

Kunst
Künstler im KonzernForum: Jennifer Steinkamp: ZeitrafferLand (→ S. 27), David Claerbout: ZeitlupenLand (→ S. 27), Ingo Günther: Globenfeld und Gitterglobus »Exosphere« (→ S. 33), Gerhard Merz: »Rot Blau Gelb« (→ S. 33), Nicholas Anatol Baginsky: IchBinSchönLand (→ S. 28) und Lemniskate; Künstler im KundenCenter: Matt Mullican: »Signets«. (→ S. 53). Künstler im Park der Autostadt: Olafur Eliasson »Dufttunnel« (→ S. 59).

LernPark
Die Attraktion für Kinder: In der Autostadt gibt's den Führerschein schon ab fünf Jahren (→ S. 23).

Maritime PanoramaTour
Bootstour auf dem Mittellandkanal vom KonzernForum vorbei am ZeitHaus und dem Kraftwerk des Volkswagen Werkes bis nach Fallersleben und zurück.
Abfahrt vom Anleger am KonzernForum 1. April– 31. Okt. tgl. 11, 12.30, 14, 15.30, 17 Uhr; Fahrpreis 6 €, Kinder (4–17 Jahre) 4 €, Gruppen (ab 20 Personen) 5 €. Für Besitzer einer Tageskarte oder Premium-Jahreskarte ist die Fahrt kostenfrei

MarkenPavillons
Audi, Bentley, Lamborghini, Seat, Škoda, Volkswagen und Volkswagen Nutzfahrzeuge in einem Wettbewerb der Ideen (→ S. 44–50).

MobiVersum
Die Erlebniswelt für die Familie im KonzernForum (→ S. 27).

Movimentos Festwochen
Internationales TanzFestival im alten KraftWerk (→ S. 25).

Öffnungszeiten
tgl. 9–18 Uhr; nach Schließung der Attraktionen und Pavillons bleibt das Areal der Autostadt die ganze Nacht geöffnet. Die einzigen Ruhetage sind am 24. und 31. Dez.

Parkstraße
Mit dem automobilen Fortschritt wachsen auch die Ansprüche an den Straßenbelag. Die Parkstraße, der Weg zum Hotel The Ritz-Carlton, Wolfsburg, ist in 30 Abschnitte unterteilt, die diese Geschichte dokumentieren: von den Handelsstraßen der Römer über den selbstentwässernden Makadam-Belag des 19. Jh. – den Beginn des modernen Straßenbaus –, bis zur aktuellen Hi-Tech-Piste.

Piazza
Das Entrée der Autostadt (→ S. 33).

Prospekte und Publikationen
Zusendung per Post E-Mail genügt an: service@autostadt.de.

SunFuelLab
Sprit zum Selberpflanzen. Das Experiment der nachwachsenden Rohstoffe im KonzernForum (→ S. 35).

Training
Die Angebote der Autostadt: SicherheitsTraining, SparTraining, Gelände-Parcours (→ S. 23).

Volkswagen Werk
→ WerkTour. In Zahlen (→ S. 57).

WelcomeDesk
Informationen, Service, Eintrittskarten. Der Empfang der Autostadt in der Piazza (→ S. 33).

WerkStadt
Mobilität kreativ erfahren. Technik zum Anfassen für Kinder und Jugendliche im ZeitHaus (→ S. 29 und 40).

WerkTour
Die Volkswagen PanoramaTour, Besichtigung des Volkswagen Werks in gläsernen Panoramabahnen. Dauer ca. 50 Min.
Die WerkTour findet an Produktionstagen ab 9.15 Uhr nach Verfügbarkeit und vorrangig für Abholer statt. Start am WerkTour Bahnhof in der Autostadt.

Winterprogramm
Eislauf, Eisshows und mehr: Das Winterprogramm der Autostadt (→ S. 25).

www.autostadt.de
Die Website der Autostadt bietet neben dem Überblick aller Informationen zu Veranstaltungen, Gastronomieangeboten und Inszenierungen sowie Reiseangebote in die Autostadt. Außerdem: die Inhalte des viermal im Jahr erscheinenden Magazins StadtAnsichten. Übersichtlich und aktuell.

ZeitHaus
Eine Zeitreise durch die Geschichte der Automobilität. Ausstellung automobiler Meilensteine (→ S. 38).

Der Weg zum Hotel The Ritz-Carlton, Wolfsburg dokumentiert auf 30 Abschnitten die Entwicklung des Straßenbelags.

Wolfsburg mit Fallersleben

Stadt der Mobilität und Innovation, der Kunst und Architektur. Eine Metropole als kreativer Prozess.

Schloss Wolfsburg dient als städtische Galerie und Kunstforum. In der Fachwerk-Remise ist das Stadtmuseum untergebracht.

Wolfsburg

⋯› S. 119, F 4

Stadtplan → Umschlagkarte hinten

Eine Stadt (fast) ohne Vergangenheit und mit einer außergewöhnlichen Kurz-Geschichte. Auf Befehl von Adolf Hitler am 1. Juli 1938 als »Stadt des KdF-Wagens« gegründet, erhielt Wolfsburg erst 1945 nach dem Schloss an der Aller seinen heutigen Namen. Die Verbindung zum Volkswagen wurde zur Symbiose und prägte die Entwicklung zu einer modernen Metropole, die viel zu bieten hat, vor allem eine beispiellose Kollektion moderner und modernster Architektur. So hat zum Beispiel der finnische Star-Architekt Alvar Aalto außerhalb seines Landes an keinem Ort der Welt so viele Bauwerke errichtet wie in Wolfsburg: das Alvar-Aalto-Kulturhaus im Zentrum der Stadt, die Stephanus-Kirche und das Gemeindezentrum im Stadtteil Detmerode, die Heilig-Geist-Kirche mit dem Gemeindezentrum am Klieversberg und den Aalto Brunnen vor dem Rathaus, der an eine tanzende Orgel erinnert.

Sehenswertes

Planetarium Wolfsburg

⋯› Umschlagkarte hinten, c 6

Der Himmelsdom mit Glasfasersternen und modernster Projektionstechnik, bequemen Kippsesseln und einem reichen Programmangebot an Vorträgen und Konzerten.

Uhlandweg 2; Tel. 0 53 61/2 19 39, Fax 2 12 72; www.planetarium-wolfsburg.de; Vorführungen Mo + Fr 14.30, Mi 15, Sa 16.30, Kinderprogramm Sa 15, So 14 Uhr; telefonische Kartenreservierung Mo–Do 9–12 und 14–16, Fr 9–13 Uhr

Schloss Wolfsburg

⋯› Umschlagkarte hinten, e 1

Städtische Galerie. Lebendiges Forum moderner Kunst. Hochwertige Sammlung der Kunst nach 1945 mit ausgesuchten Werken von Meret Oppenheim (»Drei Himmel«, 1951), Baumeister, Franz Radziwill (»Der Riss im Hof«) und Uecker. Sonderausstellungen im Süd- und Ostflügel. Kunstverein Wolfsburg mit spannenden Ausstellungen moderner Kunst. Mal-

Das Kunstmuseum Wolfsburg gilt als eines der führenden Museen zeitgenössischer internationaler Kunst in Deutschland.

Das stimmungsvolle Bistro in der Remise des Schlosses Wolfsburg vereint vorhandene Bausubstanz mit modernen Designelementen.

schule »Pinselstrich«. Im Innenhof Theater und Musik (kulturbuero@stadt.wolfsburg.de; Tel. 0 53 61/28 15 80).

Schlossstr. 8; Tel. 0 53 61/82 85 10, Fax 82 85 25; www.staedtische-galerie-wolfsburg.de; Di 13–20, Mi–Fr 10–17, Sa 13–18, So 11–18 Uhr; Eintritt 2,50 €; Kunstverein Wolfsburg, Tel. 0 53 61/6 74 22; www.kunstverein-wolfsburg.de; Mi–Fr 10–17, Sa 13–18, So 10–18 Uhr; Eintritt 1,50 €

Wasserburg Neuhaus

····› Umschlagkarte hinten, östl. f 6

Die gut erhaltene mittelalterliche Burg, im 14. Jh. vom Welfenherzog Magnus dem Jüngeren und der Stadt Braunschweig errichtet, schützte einst den strategisch wichtigen Übergang über die Aller zwischen Drömling und Barnbruch. Kleine Ausstellung zur Geschichte von Burg und Umland. Künstlerateliers. Besuch auf Anfrage möglich (Tel. 0 53 63/4 07 19).

Tel. 0 53 63/4 07 19; www.burg-neuhaus.de; Burgmuseum So 14–17 Uhr; Eintritt frei

Museen

Kunstmuseum Wolfsburg

····› Umschlagkarte hinten, d 6

Kleine Sammlung zeitgenössischer Kunst nach 1968, jedes Jahr interessante Neuerwerbungen und spannende Wechselausstellungen. Eines der führenden Museen aktueller internationaler Kunst in Deutschland. 3

Porschestr./Hollerplatz 1; Tel. 0 53 61/2 66 90, Fax 26 69 66; www.kunstmuseum-wolfsburg.de; Di 11–20, Mi–So 11–18 Uhr; Eintritt 6 €, ermäßigt 3 €

phaeno – die Experimentierlandschaft

····› Umschlagkarte hinten, d 3

Aufsehen erregende Bauskulptur der Star-Architektin Zaha Hadid am Mittellandkanal direkt gegenüber der Autostadt. Ende 2005 eröffnete das phaeno als »Wissenschaftsmuseum zum Anfassen«: 250 Mitmach-Stationen laden dazu ein, Phänomene aus Physik und Chemie, Biologie und Technik zu erkunden.

Willy-Brandt-Platz 1; Tel. 01 80/1 06 06 00; www.phaeno.de; Di–So 10–18 Uhr; Eintritt 11 €, Kinder 7 €

Stadtmuseum Schloss Wolfsburg

····› Umschlagkarte hinten, e 1

Dokumente und Objekte zur Geschichte der Stadt werden in der Fachwerk-Remise des Schlosses gezeigt.

Schlossstr. 8; Tel. 0 53 61/82 85 40; Di–Fr 10–17, Sa 13–18, So 11–18 Uhr; Eintritt 2,50 €, Kinder 1,50 €

Stiftung AutoMuseum

····› Umschlagkarte hinten, f 4

Classic Cars, Kuriositätenparkplatz rund um den Kollegen Käfer. Artgerechtes Biotop für die Legende des Automobilbaus und skurrile Einzelstücke: Ein offener Korbkäfer, fahrbereit, von Korbmachermeister Thomas Heinrich in 600 Arbeitsstunden geflochten, ein Holzkäfer des venezianischen Bildhauers Livio de Marchit, ein Hochzeitskäfer aus weiß geschnörkeltem Gitterwerk, ein Briefmarkenkäfer, von Passanten in Wolfsburg mit

40 000 Postwertzeichen beklebt, ein Ballonkäfer zum Abheben, Disneys Herbie und ein schwimmfähiger Kübelwagen aus früher Rüstungsproduktion, im Wasser 10 km/h schnell.
Dieselstr. 35; Tel. 0 53 61/92 49 54, Fax 5 20 10; http://automuseum.volkswagen.de; tgl. 10–18 Uhr; Eintritt 6 €, Kinder 3 €

Hotels/andere Unterkünfte

Hotel Global Inn

····› Umschlagkarte hinten, c 4

Drei-Sterne-Businesshotel in zentraler Lage. Funktionelle Zimmer mit PC- und Faxanschluss. Wenige Minuten zum Kunstmuseum. Die Autostadt ist 1,5 km entfernt.
Kleiststr. 46; Tel. 0 53 61/27 00, Fax 27 01 50; www.globalinn.de; 134 Zimmer, 59 Apartments, 32 Studios ●● CREDIT

Alter Wolf

····› Umschlagkarte hinten, e 1

Hotel und gutbürgerliches Restaurant. Historischer Gasthof und gemütlicher Familienbetrieb am Schloss.
Schlossstr. 21; Tel. 0 53 61/8 65 60, Fax 6 42 64; www.alter-wolf.de; 28 Zimmer, 1 Suite ●● CREDIT

Essen und Trinken

Restaurant Fellini

····› Umschlagkarte hinten, c 4

Feine internationale Küche, betont leicht und frisch. Zum Beispiel Seeteufel mit hausgemachten Ravioli oder Lammkarree auf Selleriepüree mit Trüffelkartoffeln.
Kleiststr. 46; Tel. 0 53 61/27 01 92, Fax 27 01 41; Mo–Fr 11–14, 18–24, Sa, So 18–23 Uhr ●●● AmEx MASTER VISA

Sushi Bar Berlin

····› Umschlagkarte hinten, d 5

Meeresfrische Sushi und Sashimi. Nur wenige Tische, auch warme japanische Küche.
Schillerstr. 37; Tel. 0 53 61/2 75 90 75, Fax 2 75 95 34; Mo–Sa 12–23, So 15–23 Uhr ●●● CREDIT

Restaurant Awilon

····› Umschlagkarte hinten, d 6

Im Zweiten Obergeschoss des Kunstmuseums bietet das Awilon leichte, internationale Gerichte wie z. B. Barramundifilet mit Ricottaravioli sowie günstige Tagesgerichte.
Porschestr./Hollerplatz 1; Tel. 0 53 61/2 55 99, Fax 86 10 29; Di–Fr 11–23, Sa 10–23, So 10–18 Uhr ●● CREDIT

Die Stiftung AutoMuseum bietet viele Kuriositäten der Automobilgeschichte, aber natürlich auch Klassiker wie den »Bully«.

Trattoria Incontri

⇢ Umschlagkarte hinten, c 5

Gemütlicher Italiener mit Holztischen und bemerkenswert leckerer Steinofenpizza.

Goethestr. 53; Tel./Fax 0 53 61/43 72 54; Mo–Sa 11.30–24, So 16–24 Uhr ●●

Schlossremise

⇢ Umschlagkarte hinten, e 1

Bistro-Restaurant und Café im Schlosshof.

Schlossstr. 6; Tel. 0 53 61/86 77 77; Di–So 8.30–23 Uhr ●

Am Abend

Theater Wolfsburg

⇢ Umschlagkarte hinten, c 6

Gastspieltheater mit wechselnden Programmen im zeitlos schönen Geniestreich des Architekten der Berliner Philharmonie, Hans Scharoun. Die Spielzeit dauert von Mitte September bis Mitte Mai.

Klieverhagen 50; Tel. 0 53 61/26 73 37 (Theater-Pavillon), Abendkasse Tel. 26 73 17; www.theater-wolfsburg.de; Karten im Theater-Pavillon am Rathaus, Mo, Di, Do–Sa 10–14, Mi 10–18 Uhr

Sport/Freizeit

Allerpark

⇢ Umschlagkarte hinten, f 2

Der Schauplatz der Landesgartenschau 2004 dient heute als Natur- und Parklandschaft mit hohem Freizeitwert. Sehr beliebt ist der Allersee als Wassersportrevier mit Sandstrand.

zwischen Mittellandkanal und Volkswagen-Arena

BadeLand

⇢ Umschlagkarte hinten, f 2

Wolfsburg wie im alten Rom. 2400 qm Wellnesspark mit elf Saunen, Caldarium und SaunaLandschaft, Sportbecken mit zehn Bahnen, 50 x 25 m, Wellenbad, Röhrenrutsche, Reifenrutsche, Mediterranbad mit Strömungsfluss und Außenbecken, Blütendampfbad, Erdschwitzgrotte, zwei Restaurants und Saunafitbar.

Am Allerpark; Tel. 0 53 61/8 90 00; www.badeland-wolfsburg.de; Buslinien 201, 202 und 208 ab ZOB; 16. Mai–14. Sept. Mo–Sa 8–22, So 8–20 Uhr, 15. Sept.–15. Mai Mo–Fr 6–22, Sa 8–22, So 8–20 Uhr; Normaltarif (bis 2 Std.) 6,50 €, Kinder 4 €

Im Planetarium zu den Sternen – im komfortablen Sessel lauschen Besucher Vorträgen, manchmal auch Konzerten.

Im Schloss Fallersleben sind Dokumente aus dem Leben Hoffmanns von Fallersleben ausgestellt.

Fallersleben ⇢ S. 119, E/F 4

Ein bisschen ungerecht ist es schon: 1972 wurde das jahrhundertealte Fallersleben im Zuge der Gemeindereform von der rasant wachsenden, jung-dynamischen Stadt Wolfsburg geschluckt. Was den Blick auf die eindrucksvolle Geschichte aber nicht verstellen sollte. Ein Spaziergang durch die historische Altstadt von Fallersleben lohnt in jedem Fall.

Museen

Hoffmann-von-Fallersleben-Museum

Kindheitserinnerungen und Dokumente aus dem Leben des Dichters der deutschen Nationalhymne.

Schloss Fallersleben; Tel. 0 53 62/ 5 26 23; Di–Fr 10–17, Sa 13–17, So 11–17 Uhr; Eintritt 2,50 €, ermäßigt 1,50 €, Führungen bis 25 Pers. 50 €

Hotels/andere Unterkünfte

Hotel Ludwig im Park

Ruhiges Hotel in Fallersleben mit bemerkenswertem Feinschmecker-Restaurant »La Fontaine«. Der fränkische Küchenchef Hartmut Leimeister zählt zu den besten Köchen der Region.

Gifhorner Str. 25; Tel. 0 53 62/94 00, Fax 94 04 00; www.ludwig-im-park.de; 43 Zimmer, 4 Suiten ●●● CREDIT

Hotel Alte Mühle Weyhausen ⇢ S. 119, F 4

Familienbetrieb mit komfortablen Zimmern, den Restaurants »Mühlenstube« und »Kornkammer«, Swimmingpool und schönem Garten an der Bundesstraße 188. Die Autostadt ist 8 km, der nächste Badestrand (Tankumsee) 6 km entfernt.

Wolfsburger Str. 72, Weyhausen; Tel. 0 53 62/9 80 00, Fax 98 00 60; www.alte-muehle-wolfsburg.de; 54 Zimmer, 1 Suite ●● CREDIT

Essen und Trinken

Altes Brauhaus Fallersleben

Brauereigasthof im historischen Brauhaus mit der auffälligen Dachkonstruktion von 1765. Uriges Milieu.

Schlossplatz; Tel. 0 53 62/31 40, Fax 6 63 07; Mo-So 11–1 Uhr ●● CREDIT

Spaziergänge und Ausflüge

Diese Ausstellungsstücke sind nicht gerade handlich: Im Internationalen Wind- und Wassermühlen-Museum in Gifhorn sind Mühlen aus ganz Europa zu sehen.

Spurensuche im Land der Wanderkaiser und Kulturdenkmäler, in Harz und Heide, zwischen Fach- und Feuerwerk, bei Schlossgespenstern und wilden Tieren: Entdeckungen in Niedersachsens Mitte.

Braunschweig und Wolfenbüttel – Stadt des Löwen und Stammsitz der Welfen

Charakteristik: Braunschweig ist reich an Pfarrkirchen, Klosterkirchen und Kapellen, aber die Krone gebührt natürlich dem Dom. Wolfenbüttel, die Stadt Lessings, beeindruckt durch eine der ältesten Bibliotheken der Welt; **Anreise:** von Wolfsburg auf der B 248 Richtung Braunschweig, von dort weiter nach Wolfenbüttel auf der A 395; **Auskunft:** Städtischer Verkehrsverein Braunschweig e. V., Vor der Burg 1, 38100 Braunschweig; Tel. 05 31/4 70 20 40, Fax 4 70 20 40; www.braunschweig.de; Tourist Information Wolfenbüttel, Stadtmarkt 7, 38300 Wolfenbüttel; Tel. 0 53 31/ 8 62 80, Fax 86 77 08; www.wolfenbuettel.com **Karte:** ⇢ S. 121, E 5 und 121, E 6

Braunschweig ⇢ S. 119, E 5

Wer mit dem Zug nach Braunschweig reist, trifft gleich am Bahnhof auf ein eindrucksvolles Monument der Technikgeschichte, eine stillgelegte Dampflok der Baureihe 01, lang gestreckt und mächtig, ein schwarzer Riese auf dem Bahnhofsvorplatz mit mannshohen roten Rädern. So schön können Saurier sein. Vom Bahnhof führen die Straßenbahnlinien 1 und 2 in die Innenstadt. Von der Haltestelle Rathaus sind es nur wenige Schritte zum Wappentier der 240 000-Einwohner-Stadt. Der berühmte Braunschweiger Burglöwe, eine Bronzeskulptur, die um das Jahr 1166 aufgestellt wurde, beherrscht den Burgplatz. Sie ist die erste frei stehende Großplastik nördlich der Alpen, ein Symbol von zeitloser Eleganz und Spannkraft.

Sehenswertes

Altstadtmarkt ⇢ S. 72, b 4

Die Wanderung durch die Innenstadt führt durch die Fußgängerzone über den Kohlmarkt zum Altstadtmarkt und dem gotischen Altstadtrathaus (im Erdgeschoss ist ein Modell der Stadt im Mittelalter zu sehen). Direkt daneben ist die Renaissance-Fassade des Gewandhauses (mit recht volkstümlichem Restaurant im historischen Gewölbekeller) zu bewundern sowie der spätgotische Marienbrunnen. Das Original wurde 1408 in Blei gegossen, auf dem Markt ist eine Kopie zu sehen.

Burg Dankwarderode ⇢ S. 72, c 3/4

Die Residenz Heinrichs des Löwen am Burgplatz zeigt sich als repräsentativer Bau, der viermal im Lauf der Geschichte zerstört wurde und 1887 sein heutiges Gesicht erhielt. Im Erdgeschoss ist ein Teil des Welfenschatzes ausgestellt.

Burgplatz 4; Tel 05 31/1 22 50; Di, Do–So 10–17, Mi 13–20 Uhr; Eintritt 3 €, ermäßigt 1,50 €

Faszinierende Intensität: der Heiland des Meisters Imervard im Dom St. Blasii.

Der Braunschweiger Burglöwe überstand mehr als acht Jahrhunderte. Das frei stehende Wappentier aus Bronze bedeutete zu seiner Entstehungszeit eine künstlerische Sensation.

Dom St. Blasii → S. 72, c 4

4

Die Grabkirche Heinrichs des Löwen und seiner Gemahlin Mathilde, 1173 bis 1195 von ihm unmittelbar neben seiner Burg Dankwarderode erbaut. Trotz seiner unvollendeten Türme und vieler Umbauten ist die dreischiffige Gewölbebasilika ein einzigartiges Monument mittelalterlicher Baukunst. Besonders meisterhaft: der Marienaltar von 1188, der bronzene siebenarmige Leuchter mit den schönen Emaillearbeiten, mit 4,80 m Höhe und 4,30 m Breite einer der wenigen mittelalterlichen Großleuchter, die bis in unsere Zeit gerettet wurden. Eindrucksvoll und zeitlos in seiner Ausstrahlung: das fast expressionistisch wirkende Holzkruzifix des Meisters Imervard aus dem 12. Jh.

Burgplatz; Tel. 05 31/24 33 50 (Dompfarramt, Domplatz 5); tgl. 10–17 Uhr; Fünf-Minuten-Andacht Mo–Fr 17 Uhr; musikalisches Mittagsgebet Sa 12 Uhr; Gottesdienst So 10 Uhr

Museen

Braunschweiger Landesmuseum im Vieweghaus → S. 72, c 3/4

Neben der perfekt präsentierten Dokumentation Braunschweiger Geschichte seit 861 macht das Haus immer wieder mit glänzenden Ausstellungen (»Troia – Traum und Wirklichkeit«) Furore.

Burgplatz 1; Tel. 05 31/1 21 50; www.landesmuseum-bs.de; Di–Mi und Fr–So 10–17, Do 13–20 Uhr; Eintritt 2,50 €, ermäßigt 1,30 €

Herzog Anton Ulrich-Museum – Kunstmuseum des Landes Niedersachsen → S. 73, e 4

Stolze 250 Jahre zählt dieses herrschaftliche Kunstmuseum mit seiner fabelhaften Gemäldesammlung. Ob Vermeers Mädchen mit dem Weinglas, Cranachs berühmtes Lutherbild, des Meisters Venus oder das Bildnis Adams und Evas, die Sammlung birgt wahre Schätze der europäischen Kunstgeschichte. Überraschend sinnlich: die klagende Eva als mollige Holzskulptur von 1646. Phantastisch auch die Uhrensammlung des Hauses: die Kugellauf-Uhr (eine goldene Pyramide als »perpetuum mobile«), die Spiegeluhr oder die Uhr mit Zünder (weckt mit Kerzenlicht) und die Uhr, die mit den Augen rollen und mit dem Schwanz wedeln kann. Von überregionaler Bedeutung sind die Sonderausstellungen zu wechselnden Themen. Für Kinder (und Kinderge-

a
b
c
1
2
3
4
5
6
St.-Laurentius-Kirche
Hinter der Masch
Masch-platz
Löbbeckes Insel
Am Gaußberg
Schubertstr.
Am Wendentor
Inselwall
Fuchstwete
Gartenstr.
Masch-str.
Eulenstr.
Maschstr.
Westlicher Umflutgraben
wall
Inselwall
Wilhelm-
Wenden-str.
Werder
Bockstwete
Okerstr.
Weg
Woll-markt
Kaiser-str.
Reichs-str.
Litolff-weg
Celler Str.
Petritor-wall
Friedrich-Wilhelm-Eiche
Neuer Weg
Beckenwerker Str.
St.-Andreas-Kirche
Kröppelstr.
Alte Waage
Weber-str.
St.-Katharinen-Kirche
Hagenbrücke
Caspari-str.
Hagen-markt
Lange Str.
Küchenstr.
Neustadt-rathaus
St.-Petri-Kirche
A. d. Petri-kirche
Hintern Brüdern
Schild
Marstall
Ruhfäut-chenplatz
Burg Dankwarderode
Gülden-str.
Petritor-
Eulenspiegel-brunnen
Breite
Ärzte-haus
Gördelinger-str.
Schützen-str.
Kannengießerstr.
Landes-museum
Papenstieg
Kaffee-twiete
Neue Str.
V. der Burg
Dom St. Blasii
Echtern-str.
Scharrnstr.
Martino-Katharineum
Bartholomäus-kirche
Ringer-brunnen
Kleine Burg
Handels-weg
Stephanstr.
Schuh-str.
Burgpassage
Altstadt-rathaus
Altstadt-markt
An der Martinikirche
Martini-kirche
Poststr.
Kohl-markt
Hutfiltern
Damm
Sonnenstr.
Sonnen-str.
Jakobstr.
Kattreppeln
Münz-str.
Waisenhaus-damm
Wilhelmitor-wall
Echtern-
Neustadtmühlengraben
St.-Michaelis-Kirche
Turmstr.
Eiermarkt
Jacobs-kapelle
Bank-platz
Wilhelm-str.
Liebfrauen
Hinter
Ägidien
Steinstr.
A. Bruchtor
Friedrich-Wilhelm-str.
Bruch-str.
Synagoge
Süd-str.
Giesseler str.
Wall-str.
St.-Ägidien-Kirche
Leopold-str.
Kalenwall
Bruchtor-wall
Ottmerbau (Alter Bahnhof)
Lessing-platz
Konrad-Adenauer-Str.
Kiryat-Tivon-Park
Nimesstr.
Sophienstr.
wall
Europa-platz
Frankfurter Str.
Stadtbad
0
240 m
Freizeit- und Bildungszentrum
Holzhof
Braunschweig

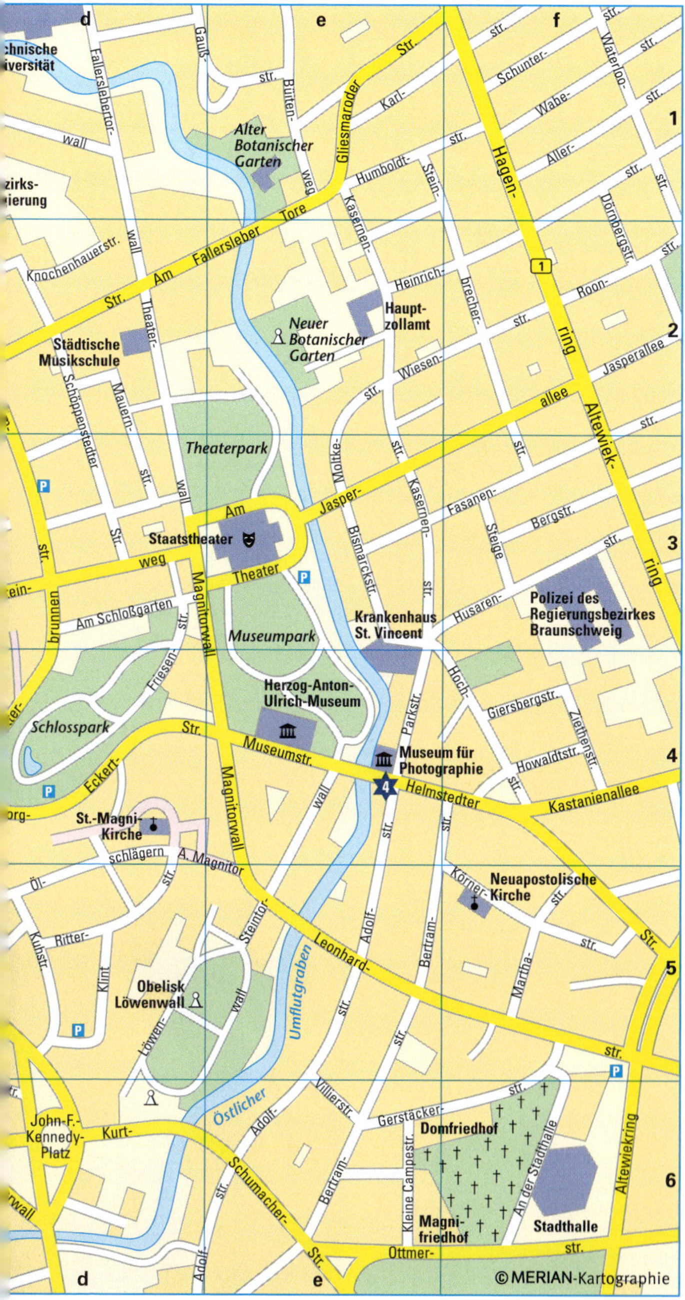

Alter Botanischer Garten
Neuer Botanischer Garten
Hauptzollamt
Städtische Musikschule
Theaterpark
Staatstheater
Museumpark
Krankenhaus St. Vincent
Polizei des Regierungsbezirkes Braunschweig
Herzog-Anton-Ulrich-Museum
Museum für Photographie
Schlosspark
St.-Magni-Kirche
Neuapostolische Kirche
Obelisk Löwenwall
John-F.-Kennedy-Platz
Domfriedhof
Magnifriedhof
Stadthalle
Am Fallersleber Tore
Giesmaroder Str.
Hagenring
Altewiekring
Jasperallee
Museumstr.
Helmstedter Str.
Kastanienallee
Leonhardstr.
Magnitorwall
Umflutgraben
Östlicher
Kurt-Schumacher-Str.
Ottmer-str.
Theaterwall
Steinweg
Am Theater
Eckert-Str.
© MERIAN-Kartographie

MERIAN-Tipp

4 Museum für Photographie

Braunschweig als Standort der Traditionsunternehmen Rollei und Voigtländer traditionell Stadt der Fotografie, hat zwei charmante historische Torhäuser für das Lichtbild und seine Geschichte reserviert, mit einer interessanten Sammlung aus den Anfängen der Fotografie, mit herausragenden Persönlichkeiten der 1920er und 1930er Jahre (Man Ray, László Moholy-Nagy, Kurt Kranz) und Fotografen der Gegenwart (Henri Cartier-Bresson, Thomas Höpker, Heinrich Riebesehl, Nick Waplington). Torhaus Nummer Eins zeigt Ausstellungen zu wechselnden Themen der Reportage-, Mode-, Reise- und Landschaftsfotografie. Spannende Workshops gibt es auch. Die Themen: Schwarzweiß-Fotografie für Anfänger, Image-Transfers, Photoshop für Fotografen, Einzelplatzschulung, Digitalfotografie und Makrofotografie.

Helmstedter Str. 1 (Torhaus 1) und (direkt gegenüber) Helmstedter Str. 171 (Torhaus2); Tel. 05 31/7 50 00, Fax 7 50 36; www.photomuseum.de; Di–So 13–18 Uhr, Eintritt 2,50 €, ermäßigt 2 € → S. 73, e 4

burtstage) gibt es ein reiches Programmangebot wie das Götterfest oder den China-Geburtstag.
Museumstr. 1; Tel. 05 31/1 22 50, Fax 12 25 24 08; www.museum-braunschweig.de; vom Hauptbahnhof Straßenbahn Linie 5 bis Museumstraße; Di, Do–So 10–17, Mi 13–20 Uhr; Eintritt 3 €, ermäßigt 1,50 € (ohne Sonderausstellung)

Hotels/andere Unterkünfte

Best Western Hotel Stadtpalais → S. 72, c 5

Ruhiges Stadthotel in denkmalgeschütztem Bau, einst Waisenhaus, nun mit komfortablen Zimmern ausgestattet. Zentrale Lage mit Gratisparkplätzen.
Hinter Liebfrauen 1a; Tel. 05 31/24 10 24, Fax 24 10 25; www.bestwestern.de; 45 Zimmer, eine Suite ●● CREDIT

Essen und Trinken

Kilian's Raffinerie → S. 72, a 6

Eine ehemalige Industriebrache als Kreativschmiede ARTMax – die frühere Zuckerfabrik beherbergt heute Architekten, Designer, Künstler sowie Kilian's Raffinerie, Nachfolger der Raffinerie Dannenfeld, einst Braunschweigs bestes Restaurant. Im reizvollen Flair von Kreativität und Business offeriert Chef Kilian Hefele nicht nur Feines wie Lammcarrée mit Steinpilzknödel und gebratenem Spitzkohl, sondern zum Mittagstisch auch mal Deftiges wie Leberkäse mit Spiegelei.
Frankfurter Str. 2; Tel. 05 31/2 81 98 10; Fax 2 81 98 28; www.raffinerie-restaurant.de; Mo–Fr 11–15, 18–24, Sa 12–15, 18–24 Uhr ●● AmEx MASTER VISA

Mutter Habenicht → S. 72, c 3

Die »urige Speisekneipe«, seit 1870 im Familienbesitz mit Zunftwappen und Biografien Braunschweiger Ori-

Wer urige Atmosphäre schätzt, sollte in der »Speisekneipe« Mutter Habenicht einkehren.

Das Museum für Photographie in Braunschweig zeigt Interessantes aus den Anfangsjahren der Fotografie neben zeitgenössischen Werken.

ginale wie der Harfen-Agnes an den Wänden. Volkstümliche Küche in B-Dur: Braunkohl, Bregenwurst, Bauchfleisch, Bratkartoffeln, Bier und Bommerlunder. Prähistorische Portionen.
Papenstieg 3; Tel. 05 31/4 59 56; www.mutter-habenicht.de; tgl. 11–24 Uhr (Küchenschluss 22.45 Uhr)
●● AmEx MASTER VISA

Romantica ⋯› S. 72, c/d 5
Freundlicher, aufmerksamer Service, Ciabatta als Gruß aus der Küche, wunderbares hellgrünes Knoblauch-Pesto, herrliche Penne all'Arrabiata, der Rotwein kann sich in feinen Gläsern entfalten und das alles zu sympathischem Preis-Leistungs-Verhältnis. So einen Italiener muss man lange suchen.
Ägidienmarkt 15; Tel. 05 31/40 09 03; Mo–So 12–14.30, 18–23
● AmEx MASTER VISA

AM ABEND

Brunsviga ⋯› S. 73, e 1
Kultur- und Kommunikationszentrum mit originellen und vielseitigen Programmen. Internationale Musiker wechseln mit Entertainment- und Satire-Festivals.
Karlstr. 35; Kartentelefon 05 31/23 80 40; www.brunsviga-kulturzentrum.de

LOT Theater ⋯› S. 72, b 3/4
Ein Blick ins Programm lohnt! Kreative eigene und freie internationale Theater-Produktionen.
Kaffeetwete 4a; Kartentelefon 05 31/1 73 53; www.lot-theater.de; Eintritt 11 €, Vorverkauf 10 €

Wolfenbüttel ⋯› S. 121, E 6

Das nur 12 km von Braunschweig entfernt gelegene Wolfenbüttel ist nicht nur wegen seiner beschaulichen Fachwerkhäuser und seines (fast) intakten historischen Stadtbildes sehenswert. Sympathisch und anrührend zum Beispiel das Reiterstandbild Herzog Augusts (1635–1666) auf dem Stadtmarkt. Der Herr kommt nicht

Die Bibliotheca Augusta in Wolfenbüttel, eine der ältesten Bibliotheken der Welt.

hoch zu Ross, sondern ist abgestiegen, blickt nachdenklich in die Stadt und nicht wie einer, der gleich eine Attacke reitet. Wolfenbüttel ist nicht nur Stammsitz der Welfen sondern die Stadt Lessings, Keimzelle der deutschen Aufklärung und eine Stadt der Bücher. Und für die gibt es eine richtige Kathedrale: die Bibliotheca Augusta.

SEHENSWERTES

Bibliotheca Augusta

Zwei majestätisch ruhende Löwen am Eingang erinnern an die Public Library an der Fifth Avenue in New York. Wo solche Löwen sind, wird offenbar wie wild gelesen. Die 1572 von Herzog
5 Julius zu Braunschweig-Lüneburg gegründete Herzog August Bibliothek ist eine der ältesten erhaltenen Bibliotheken der Welt. Was Herzog August der Jüngere (1579–1666) zusammentrug, wuchs mit 135 000 Büchern und Handschriften zur größten Bibliothek seiner Zeit. Heute umfasst die Sammlung eine Mio. Bände, davon sind 415 000 Drucke älter als 150 Jahre. Zu den Prachtstücken zählt das Evangeliar Heinrich des Löwen, das mit 16 Mio. € teuerste Buch der Welt. Ursprünglich ruhten die Bücher in der von Friedrich Korb zwischen 1705 und 1713 errichteten Rotunde, seit 1887 werden sie in dem wilhelminischen Prachtbau Bibliotheca Augusta aufbewahrt. Unter den Leitern der Büchersammlung ragen Wilhelm Leibniz (1690–1719) und Gotthold Ephraim Lessing (1770–1781) heraus. Im Lessinghaus, in dem der Dichter bis zu seinem Tode 1781 lebte, ist heute ein Literaturmuseum untergebracht.

Lessingplatz 1; Tel. 0 53 31/80 82 14; www.hab.de; Bibliotheca Augusta und Lessinghaus Di–So 11–17 Uhr; Führungen in der Bibliothek So und Fei 11, jeden 1. Di im Monat 20 Uhr; Eintritt 3 €, ermäßigt 2 €

Schloss Wolfenbüttel

Das Versailles der Welfen, des ältesten Geschlechts des europäischen Hochadels, zwischen 1432 und 1754 Residenz des Herzogtums Braunschweig Wolfenbüttel. Perfekt erhalten und restauriert: Das Staatsappartement aus dem Hochbarock mit Vorzimmer, Audienzzimmer, Paradeschlafzimmer, Retirade, Kabinett und Galerie. Zwei Tafelinszenierungen zeigen herzogliche Wohnkultur. Sehenswert ist auch die Porzellansammlung. Als die Herrschaften nach Braunschweig verzogen, durfte Lessing eine Zeitlang das Schloss bewohnen. Hier schrieb er seine »Emilia Galotti«. Beim Hinausgehen fällt der Blick auf eine wundervolle, seit 300 Jahren lustvoll schlafende Flora in Marmor.

Museum im Schloss Wolfenbüttel, Schlossplatz 13; Tel. 0 53 31/9 24 60, Fax 92 46 18; Di–So 10–17 Uhr; Eintritt 3 € (Kinder und Jugendliche bis 18 Jahre Eintritt frei), Führungen nach tel. Vereinbarung

Der Brocken – viele Wege auf den kalten Riesen

6

Charakteristik: Der Brocken ist die einzige Erhebung im deutschen Mittelgebirgsraum, die eine natürliche Waldgrenze besitzt. Wer das raue Klima und den Wind nicht scheut, hat verschiedene Routen zum Gipfel zur Auswahl; **Anreise:** von Wolfsburg auf der A 39 und A 2 Richtung Braunschweig, weiter Richtung Goslar auf der A 395 bis Bad Harzburg; **Auskunft:** www.nationalpark-brockenhaus.de, www.nationalpark-harz.de; **Karte:** → S. 121, E 8

Der Brocken ist ein Hit. Knapp anderthalb Mio. Besucher besteigen pro Jahr den höchsten Berg Norddeutschlands. Angeblich ist er 1142 m hoch, in Wahrheit sind es aber nur 1140,8 m. Die Differenz wurde nach der Wende auf Beschluss der Innenminister von Sachsen-Anhalt, Niedersachsen und Thüringen durch fünf Granitblöcke ausgeglichen. Sie bilden nun die Mitte der so genannten Brockenuhr, auf der mit Bronzeplaketten die Entfernungen zu Ortschaften wie Torfhaus (6 km) oder Rom (1119 km) angezeigt sind. Bei guter Sicht kann der Wanderer 45 000 qkm überblicken, die maximale Sichtweite von 230 km geht theoretisch über Berlin-Mitte (205 km) hinaus.

Der Brocken ist ein cooler Typ mit einer Jahresdurchschnittstemperatur von 2,9 °C, was den klimatischen Bedingungen von Island oder Sibirien entspricht. Der Kälterekord liegt bei minus 28,4 °C, der Hitzerekord bei 28,2 °C. Der Gipfel hüllt sich an 306 Tagen im Jahr in Nebel. Es regnet dreimal so oft wie in Göttingen, und zum dauerfeuchten Klima kommen Windgeschwindigkeiten bis 263 km/h. Der Brocken zählt zu den windreichsten Orten Europas. An 176 Tagen liegt sein Haupt unter einer geschlossenen Schneedecke begraben. Sichtweiten unter 10 m sind keine Seltenheit, Schneehöhen bis 6 m durchaus möglich. Der Brocken ist Kernstück des im Oktober 1990

Umweht diese Felsen ein Hauch von Goethe? Wenn ja, ist er in jedem Fall kühl: Auf dem Brocken herrscht eine Durchschnittstemperatur von 2,9 Grad Celsius.

Das Brockenhaus unterhalb des 125 Meter hohen Fernsehturms ist zwar nicht ansehnlich, bei kalter Witterung jedoch willkommene Station für Wanderer.

gegründeten 8900 Hektar großen Nationalparks Hochharz (→ S. 112). Der größere Nationalpark Harz liegt in Niedersachsen.

Brockengarten
1890 auf dem Gipfelplateau, die klimatischen Bedingungen nutzend, als Schau- und Versuchsgarten gegründet, zeitweise leider nur recht unregelmäßig gepflegt. (Nach der Wende konnten von ehemals 1400 kultivierten Pflanzenarten nur noch 97 nachgewiesen werden). Heute siedeln dort 1500 alpine und subarktische Pflanzen wie Rispiger Steinbrech, Primelartiger Mannsschild und Herzblättrige Kugelblume, Dreiblättriges Knabenkraut, die Rostblättrige Alpenrose und das Einköpfige Ferkelkraut. Unter den Polsterpflanzen gibt es auch Ananasgewächse (Bromeliaceae: *Abrometiella*). Im Brockengarten wächst auch der kleinste Baum der Erde, die Kraut-Weide. Der höchste Baum, eine amerikanische Berg-Hemlocktanne, misst stolze 3,5 m.

Brockenhaus
Der ehemalige Stasi-Horchposten, wegen der Glasfaserkuppel über der Abhörtechnik »Moschee« genannt, bekam einen gläsernen Vorbau. Nun sieht der windige Bau fast einladend aus und birgt das Nationalpark-Informationszentrum mit einer anschaulich präsentierten Ausstellung zu ökologischen Themen, das Café Hexenflug im zweiten Obergeschoss und einen Shop für Bücher und Broschüren.
Tel. 03 94 55/5 00 05, Fax 5 00 06; www.brockenmuseum.de; tgl. 9.30–17 Uhr; Eintritt 4 €, Kinder 2 €

Brockenherberge
Im November 1999 im ersten deutschen, denkmalgeschützten Fernsehturm eröffnet, uriges Quartier mit Mehrbettzimmern und insgesamt 36 Betten. Turmcafé in der siebten Etage, außerdem Goethesaal, Biergarten und Touristensaal. Achtung: Vor dem Hoteleingang tobt gelegentlich eine Windhose, die es den Besuchern fast

unmöglich macht, ins Haus zu kommen.
Tel. 03 94 55/1 20, Fax 1 21 00; www.brockenherberge.de; 19 Zimmer ● MASTER VISA

Café Hexenklause

Das Café im ältesten Fernsehturm der Welt, 1165 m über NN. Spezialitäten: Harzer Schiebesuppe (Klare Brühe mit Mett und Ei), Harzer Käse, Oberharzer Schlachtplatte. Große Grillhaxe mit Sauerkraut.
Tgl. von 10–18 Uhr, ab 18.30 Uhr nur für Hotelgäste

Brockenwirt

Walpurgis-Nacht-Schlemmer-Büfett, Schwein am Spieß und Bier vom Fass, Hexen führen zauberhaft teuflische Dessous vor, Tanz und Unterhaltung mit Live-Musik. Direktbuchungen und Vorverkauf unter Brockenherberge (→ oben).
Tel. 03 94 55/1 20, Fax 1 21 00; www.brockenherberge.de

MERIAN-Tipp

5 Brockenbahn

Der lukrativste Zug der Harzer Schmalspurbahnen (HSB) befördert rund 700 000 Fahrgäste im Jahr zum höchsten Gipfel des Harzes. Die überwiegend historischen Dampfloks ziehen nicht weniger historische Waggons mit offenen Pontons, Spurweite 100 cm.

1899 fuhr die erste Brockenbahn von Drei-Annen-Hohne über Schierke auf den Brocken. Auf der 18,9 km langen Strecke überwindet sie einen Höhenunterschied von 582 m. Nach der Wende steckte das Land Sachsen-Anhalt 20 Mio. Mark in den Wiederaufbau.

Harzer Schmalspurbahnen GmbH, Friedrichstr. 151, 38855 Wernigerode; Tel. 0 39 43/5 58-0, Fax 55 81 48; www.hsb-wr.de; Auffahrt zum Brocken ab Wernigerode mehrmals täglich

Die Brockenbahn, seit 1899 in Betrieb. Die historischen Dampfloks bringen jährlich rund 700 000 Gäste auf den Berg.

Goslar – Weltkulturerbe über- und unterirdisch

Charakteristik: Gemütliche Altstadtkneipen, Szenenlokale und Geschäfte in der historischen Innenstadt laden zum Verweilen und Bummeln ein. Am Nordrand des Harzes gelegen ist Goslar der ideale Ausgangspunkt für Wanderungen und Ausflüge; **Anreise:** von Wolfsburg auf der A 39 Richtung Braunschweig/Helmstedt, weiter auf der A 2 Richtung Braunschweig, weiter Richtung Goslar auf der A 395, Ausfahrt Schladen Süd und weiter auf der B 82 bis Goslar; **Auskunft:** Markt 7, 38640 Goslar; Tel. 0 53 21/7 80 60, Fax 78 06 44; www.goslar.de; **Karte:** → S. 121, D 7

Allein schon wegen der einmalig erhaltenen Altstadt mit ihren Fachwerkhäusern und Befestigungsanlagen ist die tausendjährige Kaiserstadt am Nordrand des Harzes einen Besuch wert. Neben zahlreichen Museen, Kirchen und Sehenswürdigkeiten ragen die Kaiserpfalz und das Bergbaumuseum Rammelsberg heraus.

Sehenswertes

Kaiserpfalz

Einzigartiges Kulturerbe salischer und staufischer Monumentalarchitektur. Um 1050 erbaut, bis zum letzten Reichstag unter Friedrich II. 1219 ein zentraler Ort deutscher und europäischer Politik, verlor sie an Bedeutung und wurde im frühen 19. Jh. als Kornspeicher genutzt; die Pfalzkapelle St. Ulrich diente als Gefängnis. Zur Zeit der bevorstehenden Reichsgründung 1871 erwacht das Interesse am vaterländischen Erbe. Das Königreich Hannover kauft 1866 die symbolträchtige Immobilie für 1000 Taler. In den folgenden Jahren wird sie restauriert, renoviert und der Saal von Herbert Wislicensus in 14 Jahren mit prächtiger Historienmalerei ausgestaltet. Im Erdgeschoss erinnert eine umfangreiche Ausstellung an die Epoche des Reisekönigtums.

Kaiserbleek 6; Tel. 0 53 21/3 11 96 93; Apr.–Okt. 10–17, Nov. bis März 10–16 Uhr, Schließung bei Sonderveranstaltungen; Eintritt 4,50 €, Gruppen ab 10 Personen 3,50 €, Jugendliche 2,50 €

UNESCO Weltkulturerbe Rammelsberg, Museum und Besucherbergwerk

Stillgelegtes Erzbergwerk, das einzige, das weltweit länger als tausend Jahre betrieben und 1992 gemeinsam mit der Altstadt Goslars in die Liste des UNESCO-Weltkulturerbes aufgenommen wurde. Seit 1988 Besucherbergwerk und Bergbaumuseum. Über Tage spaziert der Besucher mit Kopfhörern durch vier Museumshäuser und gewaltige Maschinenhallen mit hervorragend präsentierten Ausstellungen. Haus M, das ehemalige Magazingebäude, präsentiert Dokumente der Sozial-, Technik-, und Wirtschaftsgeschichte bis hin zur Freizeitkultur. Die Kraftzentrale dient als Kunsthalle, Kaue und Lohnhalle für Sonderausstellungen. Unter Tage gibt es spannende Führungen zu verschiedenen Themen: 850 Jahre Untertagewelt, farbenprächtiges Mittelalter, Feuer und Wasser, Maschinen in Bewegung. Die Touren in den Berg beginnen auf der Tagesförderstrecke mit der ruckelnden Grubenbahn bis zum Richtschacht hundert Meter tief in den Stein. Der Roederstollen, Meisterwerk der Ingenieurkunst des späten 18. Jh. mit wassergetriebenen Riesenrädern von 1750. Überraschend: die farbigen Minerale im Bergwerk. Die Reise in die Technische Moderne beginnt mit einer Seilfahrt im Schacht. Bergbautechniken werden demonstriert und ganz starke Männer dürfen auch mal den Steinbohrer ansetzen. Für Kinder gibt es Mitmachführungen und Museumsspiele. Museumsrestaurant und -shop. Ein Tipp: Festes Schuhwerk wird empfohlen. Und im Sommer warm anziehen! Die Temperaturen im Berg liegen konstant bei 12 °C.

Bergtal 19; Tel. 0 53 21/75 00, Fax 75 01 30; www.rammelsberg.de; tgl. 9–18 Uhr; regelmäßige Führungen unter Tage stdl. ab 9 Uhr, letzte Führung 16.30 Uhr; Sonderführungen unter Tage (nach Anmeldung) für Gruppen bis zu 30 Personen, auch nach 18 Uhr; Kinderprogramme über und unter Tage (frühzeitig anmelden) Tel. 0 53 21/75 01 22 oder 75 01 54; Tageskarte für das Museum (inkl. einer Führung im Besucherbergwerk) 10 €, Kinder und Jugendliche 6 €

Museen

Goslarer Museum

Sammlungen zu Geschichte und Kunstgeschichte der Stadt und zur Geologie und Mineralogie der Region in einer 1514 erbauten Stiftskurie. Herausragend: Der Krodo-Altar (frühes 12. Jh.) und das Goslarer Evangeliar (13. Jh.).

Königstraße 1; Tel. 0 53 21/4 33 94; April–Okt. 10–17, Nov.–März 10–16 Uhr, Mo geschl.; Eintritt 3 €, Gruppen ab 10 Personen 2 €, Jugendliche 1,50 €

Mönchehaus-Museum

Das Haus aus dem Jahre 1528 zeigt als Kunstmuseum mit sehenswertem Skulpturengarten wechselnde Ausstellungen moderner Kunst und eine stattliche Sammlung mit Werken der Träger des Kaiserrings, so heißt der international renommierte Kunstpreis der Stadt Goslar, darunter (in alphabetischer Reihenfolge): Georg Baselitz, Joseph Beuys, Max Bill, Alexander Calder, Eduardo Chillida, Christo, Max Ernst, Rebecca Horn, Anselm Kiefer, Willem de Koning, Mario Merz, Gerhard Richter, Richard Serra, Günther Uecker und Victor Vasarely.

Mönchestr. 1; Tel. 0 53 21/2 95 70; Di–Sa 10–17, So 10–13 Uhr; Eintritt 3 €, Jugendliche 1,50 €

Hotels/andere Unterkünfte

Treff Hotel Das Brusttuch

Patrizierhaus aus dem Jahre 1521 am Marktplatz. Fachwerkbau fast ohne rechte Winkel und mit sinnlich vergnügten Bildschnitzereien. Berühmt ist die »Butterhanne«, die mit einer Hand ihren Rock bis über das Gesäß gehoben hat. Heute wird der Bau als komfortables Hotel mit Schwimmbad direkt unter dem Giebeldach genutzt. Restaurant nur für Gruppen auf Anmeldung.

Hoher Weg 1; Tel. 0 53 21/3 46 00, Fax 34 60 99; 13 Zimmer ●● CREDIT

Hotel Lydia

Familienbetrieb mit gemütlichen Zimmern. Sauna, Solarium, Fitnessraum, Schwimmbad und Restaurant.

Ginsterbusch 1–2; Tel. 0 53 21/3 45 30, Fax 4 31 52; 19 Zimmer ●● MASTER VISA

Essen und Trinken

Altdeutsche Stuben

120 Jahre altes Restaurant im alten Wehrturm der Burg, dem Rosenzwinger. Die Karte schmückt sich u. a. mit regionalen Spezialitäten wie Blaubeerschmandschnitzel oder Harzer Käse. Ebenso empfehlenswert: das zugehörige Hotel »Der Achtermann«.

Rosentorstraße 20; Tel. 0 53 21/7 00 00, Fax 7 00 09 99; tgl. 12–15, 18–24 Uhr ●● CREDIT

Das stillgelegte Bergwerk Rammelsberg wird für Ausstellungen über Bergbau und andere Themen der Region genutzt.

Celle und Gifhorn – bezaubernde Gärten und zugewanderte Mühlen

Charakteristik: Grün geht es in den beiden Städten zu: in Celle in malerischen Gärten, in Gifhorn eher »outdoor« in Wald, Heide und Moor; **Anreise:** von Wolfsburg auf der B 188, dann auf der B 214 nach Celle. Gifhorn liegt auf dem Weg nach Celle an der B 188; **Auskunft:** Markt 14–16, 29221 Celle; Tel. 0 51 41/12 12, Fax 1 24 59; www.region-celle.de: Marktplatz 1, 38518 Gifhorn; Tel.: 0 53 71/8 81 75, Fax 8 83 11; www.stadt-gifhorn.de; **Karte:** S. 118, C 3 und 119, E 4

Celle S. 118, C 3

Das Stadtbild der Fachwerkstadt Celle atmet förmlich Geschichte. Die Residenz, das Herzogschloss, Prachtstück unter den Bauwerken der Stadt, blickt aufs 13. Jh. zurück, machte alle Wandlungen von einer festen Burg zum Renaissanceschloss durch und zeigt sich nun in barocker Pracht. Ein besonderes Kleinod von Schloss und Stadt sind die Gärten.

SEHENSWERTES

Französischer Garten

Hof-, Nutz- und Lustgarten mit doppelter Lindenallee, Ende des 17. Jh. von französischen Gärtnern geschaffen, später in einen englischen Landschaftspark umgewandelt und heute unter Denkmalschutz gestellt.

Zwischen Südwall und Maulbeerallee

Heilpflanzengarten Celle

Zur Expo 2000 entstanden, zählt der Heilpflanzengarten zu den größten in Europa. Das Motto: sehen, schmecken, fühlen, verweilen, genießen und riechen. Schilder informieren über Heilpflanzen in Phytotherapie und Homöopathie, aber auch in der ayurvedischen und anthroposophischen Medizin.

Wittinger Str. 76; Tel. 0 51 41/55 07 14 o. 3 24 25; www.heilpflanzen-garten.de; 1. März–30. Nov. tgl. 10–18 Uhr; Cafe KräuThaer, 1. März–30. Nov. Di–Fr 14–18, Sa, So 12–18 Uhr, Mo geschl.

Niedersächsisches Landgestüt Celle

Das 1735 gegründete Landgestüt ist berühmt für die Zucht von Niedersachsens Wappentieren, den prächtigen Hannoveraner Warmblütern (→ Celler Hengstparade, S. 110).

Wunderschöne sakrale Baukunst und ein Ort zum Verweilen: die Kapelle des Celler Schlosses.

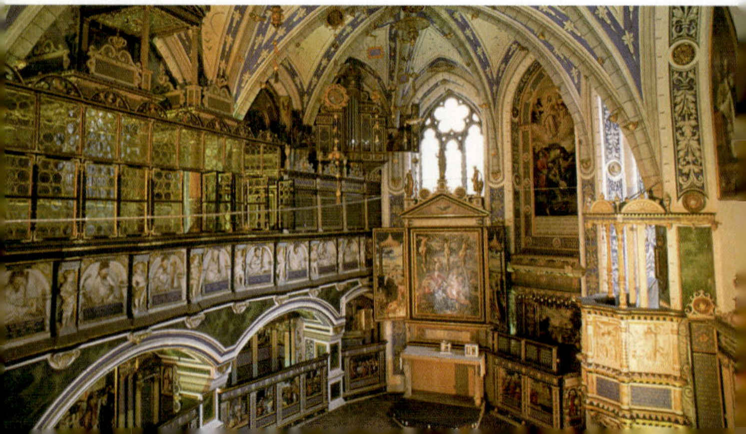

Spörckenstr. 10; Tel. 0 51 41/9 29 40, Fax 92 94 31; www.landgestuetcelle.de; Besichtigung nach Vereinbarung

Schlossanlagen

Befestigungsanlagen, die Ende des 18. Jh. geschleift wurden, machten Platz für die Parks und Gärten der Schlossanlagen und eine rundum führende Pappelallee. Für die hannoverschen Könige wurde das Gelände erweitert, heute ist es ideal für königliches Relaxen.
Schlossplatz

Gifhorn

⇢ S. 119, E 4

Die Kreisstadt der Südheide wirbt mit Naturerlebnissen und verweist stolz auf 1560 qkm Wald und Heide, Moor und Wasser, eine Landschaft, die besonders für Pferdefreunde, mit den Flüssen Aller, Oker und Ise aber auch für Kanuten und Wasserwanderer allerhand zu bieten hat. Die ultimative Freiland-Kuriosität aber sind die von weither zugewanderten Mühlen.

SEHENSWERTES

Internationales Wind- und Wassermühlen-Museum Gifhorn

Eine einzigartige, skurrile Sammlung von Windmaschinen und Wassermühlen: Holländer und Bockwindmühlen, eine 300 Jahre alte Tiroler Wassermühle, ein Nachbau der Mühle von Sanssouci, Mühlen von Kykladeninseln, der Algarve, aus Russland und Korea. Dazu eine russisch-orthodoxe Kirche.
Bromer Str. 2; Tel. 0 53 71/5 54 66, Fax 5 56 40; www.muehlenmuseum.de; 15. März–31. Okt. tgl. 10–18, 1. Nov.–30. Nov. Sa, So 10–16 Uhr; Eintritt 8 €, Kinder 3,50 €; Eintritt Russisch-orthodoxe Kirche 2,50 €, Kinder 1,50 €

MUSEEN

Historisches Museum Schloss Gifhorn

Von der Vorgeschichte des Menschen über das Leben und Wirken der Herzöge von Braunschweig und Lüneburg führt die Zeitreise durchs Schloss in die 1547 erbaute Schlosskapelle mit dem modernen Altarbild »Der ungläubige Thomas« von Johannes Grützke.
Schlossplatz; Tel. 0 53 71/8 24 22-25; www.museen-gifhorn.de; Mi–Sa 14–17, So 11–17 Uhr; Eintritt 1 €

Museum im Schloss Gifhorn: menschliche Geschichte von der Vorzeit bis zu den Herzögen der Region.

ESSEN UND TRINKEN

Landcafé Neubokel

Familienfreundliches Ausflugslokal mit Terrasse, Kaffee und Kuchen, Fahrradverleih.
Alter Kirchweg 2; Tel. 0 53 71/1 35 33; Mi–So 14–18 Uhr ●

Panorama-Café im Wasserturm

Im Wasserturm von 1910 gibt es Frühstück, Gifhorner Hochzeitssuppe, Strammer Max und Bratkartoffeln mit Sülze, aber auch Kaffee und Kuchen und Weitblick.
Braunschweiger Str. 37a; Tel./Fax 0 53 71/93 60 33; www.wasserturm-gifhorn.de; So–Mo 8.30–18 Uhr ●

Klöster Ebstorf und Isenhagen – Orte der Meditation

Charakteristik: Gottes stille Winkel – unter den 15 Klöstern und Stiften in Niedersachsen sind verborgene Schönheiten zu entdecken, architektonische Juwele im landestypischen roten Backstein mit beschaulichen Klostergärten und wertvollen Kunstschätzen, weltfern, abgeschieden, bezaubernde Inseln der Stille und inneren Einkehr; **Anreise:** nach Ebstorf: von Wolfsburg auf der B 188 bis Gifhorn, auf der B 4 bis Uelzen; von dort ist Ebstorf ausgeschildert. Nach Hankensbüttel: von Wolfsburg auf der B 188 bis Gifhorn, auf der B 4 bis Steinhorst, hier auf die B 244 abbiegen; **Auskunft:** bei den Klöstern direkt; **Karte:** ···› S. 119, D 1 und 119, E 2/3

Kloster Ebstorf

···› S. 119, D 1

Zehn Damen von Adel und eine engagierte Äbtissin (die fünfzigste in der langen Reihe ihrer Vorgängerinnen und die erste bürgerlicher Herkunft) bewahren »einen Riesenfundus an schönen Dingen«, hegen den Klostergarten und führen Besuchergruppen durch ihr kleines Reich. Sie haben gut zu tun, denn jedes Jahr gehen 11 000 Menschen ins Kloster, um den größten Schatz des Stiftes zu bewundern: die legendäre Ebstorfer Weltkarte, die bilderreiche, größte Radkarte des Mittelalters, zwischen 1200 und 1300 auf zusammengenähte Ziegenhäute gemalt, ein einzigartiges Dokument christlicher Weltsicht. Der Osten ist oben beim Kopf der Erlösers, der mit offenen Armen die Welt umfasst. In der Mitte liegt Jerusalem. Im zweiten Weltkrieg wurde die Karte verbrannt. Glücklicherweise gab es eine liebevoll gefertigte Kopie, die nun gezeigt wird.

Die Konventualinnen tragen übrigens Zivil, nur zum Gottesdienst am Sonntag sitzen sie auf dem Non-

Der Kreuzgang des Klosters Ebstorf ist ein Ort der Ruhe, auch wenn jährlich 11 000 Besucher hierher kommen.

Das Kloster Isenhagen birgt eine Fülle von Kunstschätzen aus vielen Jahrhunderten.

nenchor in Tracht. Architektonischer Höhepunkt des Damenstifts ist ein wunderschöner Kreuzgang mit mittelalterlichen Kreuzgewölben. Staunenswert sind die wertvollen und wie durch ein Wunder unzerstörten Fenster aus dem 14. Jh. und die lichtvolle, auf charmante Weise unbeschwert wirkende Klosterkirche.

Kirchplatz 10, 29574 Ebstorf; Tel. 0 58 22/23 04, Fax 23 19; Führungen 1. April–15. Okt. Di–Sa 10–11, 14–17, So 11.15, 14–17, 16. Okt.– 31. Okt. 14 Uhr, Gottesdienst So 9.30 Uhr; Preis in Gruppen bis 20 Personen 3 €, ab 20 Personen 2,50 €

Kloster Isenhagen (Hankensbüttel)

⇢ S. 119, E 2/3

Das 1243 von Herzogin Agnes, Schwiegertochter Heinrichs des Löwen, gegründete ehemalige Zisterzienserinnenkloster wurde 1345 in Isenhagen errichtet und 1540 nach der Reformation in ein evangelisches Damenstift umgewandelt. Heute birgt das Kloster eine Fülle von Kunstschätzen, die von einer freundlichen Äbtissin und zehn Konventualinnen bewahrt werden.

Eine Kostbarkeit der frühgotischen Backsteinkirche ist der geschnitzte gotische Flügelaltar aus dem Jahre 1440. Auf dem Nonnenchor mit dem wertvollen Chorgestühl prunkt ein reich verzierter geschnitzter Marienaltar von 1515 mit Malereien auf der Rückseite.

Fast unscheinbar, aber von unschätzbarem Wert sind die Truhen aus dem Mittelalter und die Handarbeiten aus der klösterlichen Stickerei, zauberhaft die Stickereien mit winzigen Flussperlen aus der Ilmenau.

Klosterstr. 2, 29386 Hankensbüttel; Tel. 0 58 32/3 13, Fax 97 94 08; www.kloster-isenhagen.de; Führungen 1. April–15. Okt. Di–Sa 9–11 und 15–17, So 13.30–17 Uhr. Eintritt 3 €; öffentliche Wochenschlussandacht in der Kapelle Sa 18 Uhr, Gottesdienst So 9.30 Uhr

Hannover – Stadt der Gärten

Charakteristik: Die entspannte Atmosphäre Hannovers lässt sich am besten in den Herrenhäuser Gärten erleben; **Anreise:** von Wolfsburg auf der A 39 Richtung Braunschweig/Helmstedt, ab Braunschweig auf der A 2 Richtung Hannover; **Auskunft:** Hannover Tourismus Service, Ernst-August-Platz 8, 30159 Hannover; www.hannover-tourism.de; Tel. 05 11/1 23 45-1 11, Fax 1 23 45-1 12; **Karte:** ---> S. 118, A/B 4

Niedersachsens Landeshauptstadt, bekannt als Expostadt und Wohnsitz von Ex-Bundeskanzler Gerhard Schröder, Schauplatz der weltgrößten Computermesse CeBIT und der Industriemesse, hat mehr zu bieten als Technik. Zum Beispiel ein wunderbares Ensemble von Gärten. Eine Auswahl.

Sehenswertes

Herrenhäuser Gärten

Königliche Gärten

Der Große Garten, barocke Gartenkunst ab 1666 im französisch-niederländischen Stil, der Georgengarten, ein prachtvoller englischer Landschaftsgarten und der Berggarten, ein botanischer Garten mit erstaunlicher Artenvielfalt auf einer Fläche von 135 ha mitten im Stadtgebiet. Die Herrenhäuser Gärten sind ein einzigartiges Kulturdenkmal.

www.herrenhaeuser-gaerten.de, Informationen und Ansage der Öffnungszeiten: Tel. 05 11/16 84 75 76; weitergehende Informationen und Führungen: Hannover Tourismus Service, Ernst-August-Platz 8, Schlossküche Mövenpick im Großen Garten; Tel. 05 11/2 79 49 40, Fax 27 9 4 94 10; www.hannover-tourism.de; Mo–Fr 11–23, Sa, So 9–23 Uhr, im Winter Mo, Di. geschlossen; Anfahrt: mit den Stadtbahnlinien 4 und 5 ab Innenstadt (Kröpcke) Richtung Stöcken oder Garbsen, Haltestelle »Herrenhäuser Gärten«

Großer Garten

Ein Muster an inszenierter Natur mit 80 m hoher Fontäne, Deutschlands ältestem Heckentheater, Buchsbaumornamenten und blühenden Rabatten, Orangerie, Irrgarten und Mövenpick-Restaurant.

tgl. ab 9 Uhr, letzter Einlass eine Stunde vor Schließung (je nach Jahreszeit zwischen 16.30 und 20 Uhr), Eintritt 4 € (Großer Garten mit Grotte und Berggarten); Kombiticket (einmalig Gärten mit Grotte und Schauhäusern, Wilhelm-Busch-Museum, Fürstenhaus Herrenhausen-Museum) 10 €, ermäßigt 7,50 €, Familien 25 €

Schlossküche Mövenpick im Großen Garten; Restaurant, Cafe, Biergarten, Mo–Fr 11–23, Sa und So 8.30–23 Uhr; Tel. 05 11/27 94 94-0

Berggarten

Einer der ältesten Botanischen Gärten Deutschlands mit rund 11 000 verschiedenen Pflanzen in Schauhäusern und im Freien. Präriegarten, Staudengrund, Stein- und Wüstengarten.

Eintritt 2 € (nur Berggarten)

Grotte

Die französische Künstlerin Niki de Saint Phalle, Erfinderin der berühmten »Nanas«, hat die historische Grotte im Großen Garten in ein poetisch verspieltes, heiter farbenfrohes Kunstwerk verwandelt.

Ende März–30. April 9–18.30, 1. Mai–31. Aug. 9–19.30, Sept. 9–18.30, 1. Okt.–8. Okt. 9–17.30, 9. Okt– Ende März So, Fei 12.30–15.30 Uhr; Eintritt im Garteneintritt enthalten

Sea Life Hannover

Zur Expo 2000 gebaut, um die Flora des Amazonas unter einer Glaskuppe

gedeihen zu lassen, musste das Regenwaldhaus bereits sechs Jahre später Insolvenz anmelden. Mitte 2007 integrierte Sea Life seine Unterwasserwelten mit 39 Becken in die Urwaldlandschaft und rechnet mit ähnlichem Zuschauerandrang wie in ihren anderen deutschen Riesenaquarien.
Herrenhäuser Str. 4a; www.sealife.de; Stadtbahn ab Hannover Kröpcke, Linie 4 (Richtung Garbsen) oder Linie 5 (Richtung Stöcken) bis »Herrenhäuser Gärten«.

Erlebniszoo Hannover

Spektakulärster Tiergarten Deutschlands *(stern)* mit 2600 Tieren in 240 Arten, Indien, Afrika und Australien. 8 Die Sambesi-Flusslandschaft bietet Wellness für Nilpferde und lässt sich per Boot bereisen. Eine authentisch schwankende Hängebrücke führt vorbei an Antilopen, Zebras, Pelikanen, Nashörnern und Giraffen zum König der Löwen. Heilige Tempelaffen und sieben Elefantendamen mit zwei frechen Babys haben eine indisch anmutende Palastruine in Besitz genommen. Menschenaffen bewohnen den Gorillaberg mit Wasserfall, und im Tropenhaus warten frei fliegende Loris und andere Bewohner des Dschungels im feuchtwarmen Klima auf Besucher. Kletterpfade, Abenteuerspielplatz und Streichelland erfreuen die Kinder. Erfrischungen gibt es am Sambesi, auf der Palastterrasse, im Gasthaus Meyer und in Meyers Biergarten.
Adenauerallee 3; Tel. 05 11/28 07 41 63, Fax 28 07 41 56; www.zoo-hannover.de; Straßenbahn Linie 11 ab Kröpcke Richtung Zoo, Bus ab Hauptbahnhof, Ernst-August-Platz Linie 128 Richtung Peiner Straße, Linie 134 Richtung Busdepot Süd bis Station Zoo; März–Okt. 9–18, Nov.–Feb. 10–16 Uhr; Eintritt 18 €, Kinder 12 €

Luftfahrt-Museum Laatzen-Hannover – Günter Leonhardt Collection

Das Luftfahrt-Museum in Laatzen, etwa 10 km südlich von Hannover gelegen, wurde 1992 gegründet und zeigt Exponate einer privaten Sammlung. Die Ausstellung beginnt mit der Darstellung der ersten Fahrt in einem Heißluftballon durch die Brüder Montgolfier 1783. In zwei Hallen, auf rund 3500 qm, sind fast 4000 Exponate, darunter 35 Flugzeuge, 400 Flugzeugmodelle, mehr als 20 Kolbenmotore und Strahltriebwerke sowie Fliegerbekleidung, Bücher und Dokumente, Kutschen und Kraftfahrzeuge zu sehen.
Ulmer Straße 2, 30880 Laatzen; Tel. 05 11/8 79 17 91-92, Fax 8 79 17 93; www.luftfahrtmuseum-hannover.de; info@luftfahrtmuseum-hannover.de; Stadtbahn vom Hauptbahnhof Hannover, Linie 1 oder 2 (Richtung Sarstedt oder Rethen) nach Laatzen/Eichstraße; Di–So 10–17 Uhr; Eintritt 7 €, ermäßigt 3,50 €, Führungen auf Anfrage: 40 €

Museen

Für die Freunde moderner Kunst ist Hannover ein Pilgerziel. Und wer eine große Picasso-Sammlung sehen möchte, ohne gleich nach Paris zu fahren, wird in Deutschland keinen besseren Ort finden.

Sprengel-Museum Hannover

Gestiftet vom Schokoladenfabrikanten Bernhard Sprengel, eines der bedeutendsten Museen für die Kunst des 20. Jh. Deutscher Expressionismus, Neue Sachlichkeit, französische Moderne. Kurt-Schwitters-Archiv, Abteilung Fotografie und Medien. Große Picasso-Sammlung, Arbeiten von Nolde, Klee und Beckmann. Schenkung Niki de Saint Phalle. Kinderforum und Workshop für Kinder.
Kurt-Schwitters-Platz; Tel. 05 11/16 84 38 75, Fax 16 84 50 93; www.sprengel-museum.de; Bus 131 ab Kröpcke; Di 10–20, Mi–So 10–18 Uhr; Eintritt 7 €, ermäßigt 4 €

Essen und Trinken

Die Kneipenszene Hannovers verdient einen eigenen Reiseführer. Aber die originellste und größte Lokalität für

Niki de Saint Phalle überall: in der Grotte, im Sprengel-Museum und, wie hier, am Leibnitzufer.

ein Bistro soll immerhin an dieser Stelle genannt sein.

Gartensaal im Neuen Rathaus

Das klassizistische Wahrzeichen der Stadt mit der auffallenden 88 m hohen Kuppel verfügt über einen europaweit einmaligen Schrägaufzug zur Aussichtsplattform der Kuppelgalerie und ein schönes Bistro »Der Gartensaal« mit Blick auf Maschteich (im Sommer illuminiert) und Maschpark. Ein Tipp: Jazz zum Himmelfahrtstag ab 10 Uhr.

Trammplatz 2; 05 11/1 68-4 88 88, www.gartensaal-hannover.de; tgl. 11–18, Sommer 11–22 Uhr CREDIT; Bus Linie 131, 132 Aegidientorplatz, Linie 120 Rathaus/Osterstraße, Linie 250 Bleichenstraße; Rathausbesichtigung: März–Anf. Nov. Mo–Fr 9.30–18.30, Sa, So 10–18.30, Anf. Nov–Feb. tgl. 11–16.30 Uhr; Turmauffahrten nur im Sommer; Preis 2,50 €, ermäßigt 2 €

Hildesheim und Königslutter – Ausflüge in Vor- und Frühgeschichte

Charakteristik: In Hildesheim begegnet man menschlicher Geschichte im Roemer- und Pelizaeus-Museum, in Königslutter spürt man im Geopark den Jahrmillionen der Erdgeschichte nach; **Anreise:** nach Hildesheim: von Wolfsburg auf der A 39 Richtung Braunschweig/Helmstedt, ab Braunschweig auf der A 2 Richtung Hannover. Bei Braunschweig Nord auf die A 391, bei Braunschweig Südwest auf die A 39 Richtung Hildesheim, bei Derneburg weiter auf der A 7. Nach Königslutter: Wolfsburg in südlicher Richtung (Nordsteimke) verlassen; **Auskunft:** Tourist Information Hildesheim, Rathausstr. 18–20, 31134 Hildesheim, Tel. 0 51 21/1 79 80, Fax 17 98 88; www.hildesheim.de; Fremdenverkehrsamt Königslutter am Elm, Am Markt 1, 38154 Königslutter am Elm, Tel. 0 53 53/9 12-1 29, Fax 9 12-1 55; www.koenigslutter.de; **Karte:** → S. 120, B 6 und 121, F 5

Hildesheim

→ S. 120, B 6

Patrizier- und Amtshäuser aus dem 14. Jh., Prachtbauten aus Barock und Rokoko zeigen stolz ihre restaurierten Fassaden, hoch ragen altehrwürdige Kirchen über das historische Stadtbild. Hildesheim ist sich seiner Schönheit bewusst, weiße Rosen auf dem Gehweg markieren die interessantesten Stationen für den Stadtrundgang.

Sehenswertes

Hildesheimer Dom

Der Hildesheimer Mariendom, eine der ältesten Bischofskirchen in Norddeutschland, ist eine dreischiffige, aus Werk- und Bruchsteinen erbaute Basilika. Der Innenhof des Kreuzgangs dient seit Jahrhunderten als Begräbnisstätte des Domkapitels. Hier befindet sich auch der sagenumwobene 1000-jährige Rosenstock, der einer alten Überlieferung folgend eng mit der Entstehung des Bistums und der Stadt verbunden ist.

Die 1985 erfolgte Erhebung in den Rang eines Weltkulturerbes würdigt vor allem das reiche mittelalterliche Inventar, wie die Christussäule und die Bernwardstür, die nach ihrem Stifter, dem heiligen Bernward, benannt wurde. Die Tür verschließt das Westportal des Domes und stellt Szenen aus dem Alten und Neuen Testament dar. Die fast fünf Meter hohen Türen wurden aus einem Stück gegossen – eine für die damalige Zeit bahnbrechende Leistung.

Domhof; www.welterbe-hildesheim.de; 1. Nov.–15. März, Mo–Sa 10–16.30, 16. März–31. Okt. Mo–Sa 9.30–17, So 12–17 Uhr; Dommuseum, Domhof 4; Tel: 0 51 21/1 79 16-40, Fax 1 79 16 44; www.dommuseum-hildesheim.de; Di–Sa 10–13, 13.30–17, So 12–17 Uhr; Eintritt 4 €, ermäßigt 2 €; Führungen So 15 Uhr (2 €)

St. Andreas

Die in den Jahren 1951 bis 1965 wieder aufgebaute Bürgerkirche aus dem Jahre 1389 hat mit 114,39 m den höchsten Kirchturm Niedersachsens. Über 364 Stufen gelangt man in die Spitze des Turmes, von dem aus man einen weiten Blick in die Stadt und das Umland hat.

Andreasplatz; Tel. 0 51 21/1 24 34; 1. April–30. Sept. Mo–Fr 9–18, Sa 9–16, So 11.30–16, 1. Okt.–31. März Mo–Sa 10–16, So 11.30–16 Uhr; Turmbesteigung: 1. Mai–31. Okt. Mo–Sa 11–16, So 12–16 Uhr (letzter Einlass 15.30 Uhr); Eintritt 1,50 €, ermäßigt 1 €

Museen

Roemer- und Pelizaeus-Museum 9

Die Wanderung durch diese einzigartige Sammlung der Vor- und

MERIAN-Tipp

6 Geopark Harz – Braunschweiger Land – Ostfalen

Ein Riesenpark mit Riesenprogramm und Riesenerfolg, ausgezeichnet mit dem Siegel »planet erde«, erstreckt sich über die 100 x 120 km große Fläche zwischen Harzrand und Kyffhäuser bis zum Allertal und über 300 erfasste Geotope. Die Themen umfassen die Erdgeschichte der letzten 450 Mio. Jahre, die Dynamik der Erdkruste, die den Harz entstehen ließ, und die Zeit der Riesenlurche. Kopffüßler und Haie, die dieses Gebiet einst bevölkerten, als es noch ein weites Meer war. Im Geopark dienen Steine als Lehrbuch, informieren Guides in spannenden Exkursionen zu Bockshornklippe, Erlebnissteinbruch, Klopfplätzen und zum Findlingsgarten Königslutter.

Geopark Informationszentrum, An der Stadtkirche 1, Königslutter; Tel. 0 53 53/91 32 35, Fax 9 10 95 05; www.geopark-braunschweiger-land.de; 1. April.–31. Okt. Di–Fr 10–17, Sa, So 11–17, 1. Nov.–31. März Di–Fr 14–17, Sa, So 13–17 Uhr; Eintritt frei

Frühgeschichte führt ziemlich weit zurück bis ins Jungtertiär zum Kopf des drei Meter hohen schnell laufenden Schreckensvogels, vorbei am Ei des Madagaskar-Straußes mit erstaunlichen 7,67 l Inhalt (der Riesenvogel wurde erst vor wenigen hundert Jahren von hungrigen Seefahrern ausgerottet) ins alte Peru und nach Ägypten ins Grab der Sennefer aus dem 15. Jh. v. Chr., das auf authentische 40 °C geheizt ist. In Raum VI lächelt der Sargdeckel des freundlichen Tschaj-aset-Amun aus ägyptischer Spätzeit, in Raum IV droht Sachmet, die Furcht einflößende Göttin mit dem Löwenhaupt. Die Stuck-Mumienmasken aus römischer Zeit sind erstaunlich realistisch und offenbar porträtähnlich. Die eleganteste Skulptur der Sammlung zeigt den ägyptischen Totengott Anubis, der auch im Museumsshop auf Postern und Postkarten zu haben ist. Darüber hinaus macht das Museum mit spektakulären Wechselausstellungen Furore.

Am Steine 1–2; www.rpmuseum.de; Tel. 0 51 21/93 69-0; Fax 3 52 83; tgl. 10–18 Uhr, Eintritt 8 €, Kinder 4 €

Essen und Trinken

Restaurant Café Nil im Museum

Das Bistro im Museum bietet leichte Küche, Blattsalate mit Parmaschinken und Melonendressing und Ciabatta sowie Jazz an »Blue Mondays«.

Am Steine 1; Tel. 0 51 21/40 85 95; Fax 40 86 38; tgl. 11–24 Uhr; »Blue Mondays« Mo ab 20 Uhr, Eintritt frei ●

Einkaufen

Antiquariat Vree

Büchersammler Hans-Günther Vree weiß, wie man eine Fundgrube inszeniert. Ein kleiner sympathischer Laden an der Andreaskirche zum Stöbern.

Hoher Weg 32–33; Tel. 0 51 21/3 24 23

Königslutter → S. 121, F 5

Die Stadt am Elm ist nicht nur reich an Historie, sondern eine der charmantesten Fachwerkstädte in Niedersachsen. Von der A2 sind es nur 7 km bis ins Zentrum, aus dem der Dom selbstbewusst in den Himmel ragt.

Sehenswertes

Kaiserdom Königslutter

Die Stiftskirche Peter und Paul des ehemaligen Benediktinerklosters Königslutter gilt als Krönung der romanischen Bauwerke in Niedersachsen. Der Grundstein wurde 1135 gelegt. Kaiser Lothar III. fand hier seine Grablege, zwei steinerne Löwen halten Wache vor dem Portal. Ein herrlicher Kreuzgang ist erhalten. Die jährlichen Domkonzerte im September sind ein bedeutendes Ereignis für die Musikwelt.

Vor dem Kaiserdom; www.kaiserdom-koenigslutter.de; 1. April–31. Okt. 9–18, 1. Nov.–31. März 9–17 Uhr; Führungen: 0 53 53/22 47 (Pfarramt)

Museen

Die Museen präsentieren drei Forschungs- und Sammlungsschwerpunkte. Von überregionaler Bedeutung ist das neu eingerichtete Museum für mechanische Musikinstrumente, dessen Sammlung über 300 Exponate aus drei Jahrhunderten umfasst. Des Weiteren vermitteln das Museum zur Stadtgeschichte und die Dombauhütte umfassende Informationen zur Geschichte Königslutters und seines Kaiserdoms.

Vor dem Kaiserdom 3/4

Femo

Das Freilicht- und Erlebnismuseum Ostfalen e. V. taucht tief in die Erdgeschichte und verwandelt sie in naturhistorische, sinnlich erfahrbare Abenteuer im breiten Spektrum zwischen Forschung, Entdeckung und Kindergeburtstag. Die engagierten Museumsleute unterhalten eine Vielzahl von Einrichtungen, geben vorzügliche Broschüren heraus, verwandeln Landschaften in lebendige Freilicht-Universitäten für Amateure. Steinbrüche und stillgelegte Bergwerke, Naturerlebnisgärten und Elfenpfade warten auf Besucher, manchmal auch ein echter Geschichtenerzähler (Erlebnispfad Asse, → S. 99).

Das Geopark-Informationszentrum in Königslutter fasst Femos Aktivitäten zusammen und zeigt in einer gut präsentierten Schau die Spuren der Erdgeschichte einschließlich eines prähistorischen Fischsauriers. Natürlich nur als Skelett.

Geopark Informationszentrum, An der Stadtkirche 1, Königslutter; Tel. 0 53 53/91 32 35, Fax 9 10 95 05; www.geopark-braunschweiger-land.de; 1. April.–31. Okt. Di–Fr 10–17, Sa, So 11–17, 1. Nov.–31. März Di–Fr 14–17, Sa, So 13–17 Uhr; Eintritt frei

An der Apsis des Hildesheimer Domes befindet sich der 1000-jährige Rosenstock, aus dessen Ranken, so will es die Legende, Kaiser Ludwig der Fromme sein Reliquiengefäß nicht mehr lösen konnte; göttlichen Willen erkennend, ließ er eine Kapelle neben dem Rosenstock errichten.

Walsrode, Hankensbüttel und Riddagshausen – Natur zum Anfassen

Charakteristik: Niedersachsen ist ein großflächiger und vielfältiger Naturraum mit zwei Nationalparks und einer Vielzahl von Naturschutzgebieten und Landschaftsschutzzonen. **Anreise:** nach Walsrode: von Wolfsburg auf der A 39 Richtung Braunschweig/Helmstedt, ab Braunschweig auf der A 2 Richtung Hannover. Bei Hannover Ost auf die A 7 Richtung Hamburg, weiter auf der A 27 nach Walsrode. Nach Hankensbüttel: Von Wolfsburg auf der B 188 bis Gifhorn, auf der B 4 bis Steinhorst, hier auf die B 244 abbiegen. Nach Riddagshausen: auf A 39 und A 2 Richtung Braunschweig, Ausfahrt Braunschweig Ost. **Auskunft:** www.otterzentrum.de; www.vogelpark-walsrode.de; **Karte:** → S. 119 E 2/3 und 118, A 2

Vogelpark Walsrode

→ S. 118, A 2

Der laut Eigenwerbung größte Vogelpark der Welt hegt über 4000 Vögel in 700 Arten aus allen Klimazonen. Die 240 000 qm große Park- und Gartenlandschaft beherbergt Exoten wie Flamingos, Hornvögel, Nektarvögel und heimische Vögel wie Wiedehopf oder Wachtelkönig. Der Vogelpark Walsrode ist eine höchst lebendige Kolonie bedrohter Arten. Im Lori-Atrium unterhalten sich farbenprächtige Loris mit Zwergpapageien und Seidenkuckucken. Die Vogelwelt Indonesiens präsentiert die 2700 qm große »Tropenwaldhalle« mit frei fliegenden Vögeln, der einzige Ort Europas, an dem Paradiesvögel zu beobachten sind. In der »Paradieshalle« geht es vor allem um den Gesang der gefiederten Exoten, in der »Kontaktvoliere« kommen Mensch und Vogel einander näher. Fachlich kommentierte Schaufütterungen und ein Streichelzoo mit Meerschweinchen, Heidschnucken und Brahma-Hühnern sind weitere Anziehungspunkte. In der Flugshow schweben Adler, Falken machen Beute und auch Papageien, Pelikane und Sekretäre treten auf. In der Vogelbaby-Station schlüpfen Küken; Eulen, Papageien und Co. gestatten einen Blick in ihre Kinderstube. Zum Park gehören ein großer Abenteuerspielplatz und das Deutsche Vogelbauermuseum in einem historischen Fachwerkhaus von 1717. Weitere historische Gebäude beherbergen das Gasthof »Zum Kranich« und das Restaurant »Rosencafe«.

Am Rieselbach; Tel./Fax 0 51 61/60 44-0; www.vogelpark-walsrode.de; März–Okt. 9–19 Uhr, im Frühjahr und Herbst bis Einbruch der Dunkelheit; Flugshow 12 und 14.30 Uhr, Zusatzshow 16.30 Uhr (je nach Besucheraufkommen); Indoor-Tiershow: 11 und 15.30 Uhr; Greifvogelfütterung: Mo–Sa 13.30 Uhr, Pinguinfütterung: tgl. 10.15 und 15.30 Uhr; Schaufütterungen in der Vogelbaby-Station: tgl. 13, So zusätzlich 16 Uhr; Tageskarte 13 €, Kinder 9 €, Familienkarte (2 Erwachsene, 2 Kinder) 40 €, 1 Erwachsener, 2 Kinder 27 €, Schwerbehinderte (ab 80 %) 6 €

Einst vom Aussterben bedroht, heute wieder putzmunter: Ein Bewohner des Otterzentrums Hankensbüttel.

MERIAN-Tipp

7 Otterzentrum Hankensbüttel

Naturerlebnis-Zentrum am Südrand der Lüneburger Heide mit Otterbach, Otterteich und Otter-Wasserfall. Im über 60 000 qm großen Freigelände am Isenhagener See führen über 3 km Wege durch die beispielhafte Naturschutzeinrichtung, die sich nicht nur um die possierlichen, vom Aussterben bedrohten Eurasischen Fischotter kümmert, sondern auch um Dachs, Stein- und Baummarder, Iltis und Hermelin. Eine besondere Attraktion sind die Schaufütterungen und die Otterhunde, eine Art rauhaariger Jagdhund, der arbeitslos geworden ist, seit Otter unter Schutz stehen. Das Otterzentrum bietet eine Fülle von Veranstaltungen, Exkursionen und Seminaren, etwa eine »Marderlandtour« für behinderte Kinder und Jugendliche. Lernspiele vermitteln und vertiefen Kenntnisse über die Natur. Für die Fotoseminare zum Thema Wildtierfotografie ist frühzeitige Anmeldung ratsam.

29386 Hankensbüttel;
Tel. 0 58 32/9 80 80, Fax 98 08 51;
www.otterzentrum.de; 1. Feb.–Ende Winterzeit 9.30–17, Sommerzeit 9.30–18, Beginn Winterzeit–30. Nov. 9.30–17 Uhr; Eintritt Erwachsene 6,50 €, Kinder 4 €, Behinderte, Studenten, Arbeitslose, Zivil- und Wehrdienstleistende 4,50 €

→ S. 119, E 2/3

Restaurant im Otterzentrum
Familienfreundlich und mit preisgekröntem umweltorientierten Angebot: das Restaurant direkt am See.

Tel. 0 58 32/98 08 29, Fax 98 08 51; 1. Feb.–Ende Winterzeit 11.30–17, Sommerzeit 11.–18, Beginn Winterzeit–30. Nov. 11.30–17 Uhr; Dez.–Jan. sind Otterzentrum und Restaurant geschlossen ● MASTER VISA

Für Hobby-Ornithologen genau das Richtige: Der Vogelpark Walsrode beherbergt Vögel in über 700 Arten und aus aller Welt.

Vogelschutzgebiet Riddagshausen → S. 121, E 5

Ein Spaziergang durch die Vogelwelt, inmitten der reizvollen Habitate von Zwergtaucher und Rohrweihe, Krickente und Eisvogel, die in zehn Fischteichen auf Fang gehen. Die Teiche, einst von Zisterziensermönchen (wegen der strengen Fastenregeln) angelegt, sind zum Teil aus der Bewirtschaftung genommen, als »Europareservat« registriert und übrigens auch ein ideales Jagdrevier für diskrete und naturbewusste Fotografen. Der Fußweg dauert etwa drei Stunden. Er beginnt am Zisterziensermuseums in Riddagshausen, einem Stadtteil im Osten von Braunschweig.

Fußweg ca. drei Stunden; Ausgangspunkt Parkplatz am Zisterziensermuseum Riddagshausen

10 Schloss Wernigerode – das Traumschloss im Harz

Charakteristik: Lange lag Wernigerode, das Kleinod unter den Städten am Harz, hinter dem eisernen Vorhang verborgen. Die Wende hat der Stadt und ihren pittoresken Fachwerkhäusern einen Vitaminstoß versetzt. Vor allem dem Traumschloss auf dem Agnesberg; **Anreise:** von Wolfsburg auf der A 39 Richtung Braunschweig, weiter Richtung Goslar auf der A 395 bis Bad Harzburg, weiter auf der B 6; **Auskunft:** www.schloss-wernigerode.de; **Karte:** → S. 121, F 7

Ehemaliger Sitz der Grafen und Herren zu Stolberg und Wernigerode, im 12. Jh. als Burg auf dem Agnesberg errichtet, mehrfach modernisiert und im 19. Jh. vom Grafen Otto (1837 bis 1896) von Grund auf umgestaltet. Er engagierte ein Universalgenie, den Architekten, Maler und Gartengestalter Carl Frühling aus Blankenburg, der das Schloss in 23 Jahren Bau- und Umbauzeit in ein einzigartiges Ensemble aus romantischer Ritterburg, höfischer Fachwerkrenaissance, norddeutschem Versailles und französischer Kathedrale verwandelte. Das real existierende Traumschloss birgt vier Treppentürme, zehn Wendeltreppen, 85 weitere Treppen, 57 Korridore, Vorräume und Flure, 38 Abstell- und Vorratskammern, 31 Räume für Dienerschaft und Verwaltung und 59 Wohn- und Repräsentationsräume einschließlich der Gästezimmer für die fürstliche Verwandtschaft und logierende Könige. Als Monument romantischer Baulust ist das Schloss von Wernigerode den Schlössern Neuschwanstein, Hohenzollern und dem Schloss in Schwerin durchaus ebenbürtig. Das Schloss ist als Schauspiel und feudaler Wohnsitz konzipiert, Erlebnisarchitektur vom Feinsten mit einer prächtigen Freiterrasse (die etwa ein Fünftel der gesamten Baukosten verschlang), einem alles überragenden Bergfried und einem Festsaal mit wandgroßen Historiengemälden des Münchner Malers Conrad Beckmann. Allein der Bau der Schlosskirche nahm zehn Jahre in Anspruch, eine Kathedrale im Stil der frühen französischen Gotik. Und die sind zu besichtigen, die feine Seidenwandbespannung in den Gemächern der Gräfin und die imitierte Ledertapete im Schreibzimmer, eine Zimmerflucht verwöhnter Schaulust. 1930 öffnete das Schloss zum ersten Mal seine Pforten als Museum. Zur ständigen Ausstellung der Kunst und Kultur des 19. Jh. gibt es Sonderausstellungen, Musikreihen und sommerliche Schlossfestspiele zu Themen wie »Die Kunst der Verführung«, ein eigenes Kinderballett und ein Schlossgespenst namens Werni.

Aus der Burg auf dem Agnesberg wurde im 19. Jahrhundert ein romantisches Gesamtkunstwerk.

Am Schloß 1; Tel. 0 39 43/55 30 30, Fax 55 30 55; www.schloss-wernigerode.de; 1. Mai–31. Okt. tgl. 10–18 (letzter Einlass 17.30 Uhr), 1. Nov.–30. April Di–Fr 10–16, Sa, So 10–18 Uhr; Eintritt 4,50 €, ermäßigt 4 €, Kinder (6–14 Jahre) 2 €

Uelzen und Wittingen – Knotenpunkt der Künste und traditionelle Bierkultur

Charakteristik: Die 37 000-Einwohner-Stadt Uelzen in der flachen Mitte zwischen Hannover und Hamburg zählte nie zu den Touristenattraktionen in Norddeutschland. Bis die Expo 2000 kam. Und mit ihr der Künstler Friedensreich Hundertwasser; **Anreise:** nach Uelzen: von Wolfsburg auf der B 188 bis Gifhorn, auf der B 4 bis Uelzen. Nach Wittingen: von Wolfsburg auf der B 188 bis Tappenbeck, weiter auf der B 248 bis Ehra-Lessien; rechts Richtung Küstorf, dort links auf die B 244 nach Wittingen; **Auskunft:** Stadt- und Touristinformation Uelzen, Herzogenplatz 2, 29525 Uelzen; Tel. 05 81/8 00-4 42, Fax 8 00-1 00; Stadtverwaltung Wittingen, Bahnhofstr. 35, 29378 Wittingen; Tel. 0 58 31/2 61 46, Fax 2 61 04; www.wittingen.de; **Karte:** → S. 119, E 1 und 119, F 2/3

Uelzen

→ S. 119, E 1

Sehenswertes

Hundertwasser-Bahnhof

Ein wilhelminischer Bahnhof als total abgefahrenes Kunstwerk, das letzte Architekturprojekt des österreichischen Künstlers Friedensreich Hundertwasser (1928–2000) lockt jährlich eine halbe Million Besucher an. Der eigenwillige Baumeister überkronte Bahnhofsgebäude und Bahnsteige mit seiner charakteristischen Ornamentik, dekorierte sie mit bunten Keramiksäulen und zwölf goldenen Kugeln, die den Beginn des »Goldenen Zeitalters« symbolisieren, in dem Architektur der »Erhöhung des Menschen« dient. Der Boden im Fußgängertunnel ist uneben und versetzt die Passanten in Schwingungen.

Informationen: Tel. 05 81/3 89 04 89; www.hundertwasserbahnhof.de; Führungen (Treffpunkt Projektladen des Vereins »Bahnhof 2000« im Bahnhof) Mo–Fr ab 15, Sa, So 14.30, 15.30 Uhr; 3,50 €

Essen und Trinken

Arte

Ebenso so fantasievoll wie die Eisenbahnstation, präsentiert sich auf zwei Etagen des Bahnhofs das Restaurant und Café Arte. Architektonisch integriert in die Baukunst Hundertwassers bietet die Küche eine abwechslungsreiche Karte mit vegetarischer Kost, aber auch Pizza oder Saiblingsfilet. Verheißungsvoll klingen die Schweinemedaillons im gebratenen Lauchmantel, die »auf Speckrösti thronen und von einem Ragout aus Pilzen und Gemüse umrundet« werden. Immer wieder Aktionen wie z. B. wöchentliche Themen-Buffets – orientalisch, portugiesisch oder heimatlich mit niedersächsischer Hochzeitssuppe. Im Obergeschoss präsentiert ein »Hundertwasser-Museum« 20 Originale aus dem grafischen Werk sowie Design-Objekte aus Porzellan und Keramik.

Friedensreich-Hundertwasser-Platz 1, 29525 Uelzen; Tel. 05 81/3 89 02 15, Fax 3 89 02 17; www.arte-restaurant.com; Mo–Sa ab 9, So ab 9.30 Uhr • CREDIT
Museum: Tel. 05 81/3 89 02 14; tgl. 10.30–17.30 Uhr; Eintritt 4 €, ermäßigt 3 €

Wittingen

→ S. 119, F 2/3

Sehenswertes

Privatbrauerei Wittingen

Bier braucht Heimat. Die Privatbrauerei, übrigens eine der ältesten Brauereien der Welt (Braurechte seit 1429), lädt zur Verkostung ihrer Bierspezialitäten mit rustikalem Imbiss.

Tel. 058 31/25 50, Fax 2 55 69; www.wittinger.com; Besichtigungen bei Voranmeldung Okt.–Apr. Mo–Mi 13–16 Uhr; 7 €

Entdeckertouren im Grünen – per Bike in der Ebene, zu Fuß in die Höhe

Niedersachsens Naturlandschaften, von unendlich vielen Wanderwegen erschlossen, bieten in ihrer Vielfalt auch für notorische Kilometerfresser immer wieder neue Perspektiven und Entdeckungen. Eine erste Übersicht über mehr als hundert Wanderwege, Radwege und Radfernwege und Streckenvorschläge für Wasserwandern (→ S. 115), Reiterferien (→ S. 114) und Erlebnistouren mit Kindern bietet das Internet-Portal www.reiseland-niedersachsen.de.

Eine besonders attraktive Radtour führt in die Südheide. Allerdings ist sie nichts für Anfänger. Wer die meist gut ausgebauten Radwege neben den Straßen verlässt und sich auf die Sandwege der Heide einlässt, braucht Ausdauer und breite Reifen. Das Merian live!-Team fuhr mit Mountainbikes.

Radtour in den Naturpark Südheide

Charakteristik: Rundtour; Länge: 55 km, mit Abstechern 69 km; **Dauer:** ca. 4 Std.; trotzdem: Wer sich Zeit nehmen will, die zahlreichen Sehenswürdigkeiten am Weg zu erkunden, sollte überlegen, die Tour in zwei Tagesetappen zu fahren.
Auskunft: www.reiseland-niedersachsen.de;
Karte: ⟶ S. 97

Start am Parkplatz vom Museumsdorf Hösseringen mit rund 20 meist von anderswo hierher verpflanzten Bauten aus der Zeit zwischen 1600 und 1900. Eine Zeitinsel bäuerlichen Lebens in der Lüneburger Heide. Besonders eindrucksvoll: der »Brümmerhof« von 1644. Am Räberweg ist ein rund 180 Jahre alter, restaurierter Fachwerkspeicher in traditioneller Holz-Lehm-Bauweise zu bewundern (Ausstellungen zur Geschichte des Dorfes und der Region). Die Wassermühle Hösseringen ist sehr viel älter. Sie stammt aus dem Jahre 1398, Wasserrad und Teile der Mechanik haben die Zeiten überdauert.

Hösseringen ⟶ Kieselgur Rundwanderweg

Richtung Unterlüß auf dem Parkplatz links, dann rechts dem orangefarbenen Pfeil folgen bis zum ausgebauten Waldweg, weiter rechts bis zur nächsten Kreuzung, dann links auf den Sandweg (Wegweiser Unterlüß; 5 km). Der Sandweg wird besser, weiter geradeaus. An der Kreuzung rechts auf den Radweg neben der Landstraße durch Lünsholz bis Unterlüß (10 km).

Der Weg mündet in die Weyhäuser Straße. Der Radwegbeschilderung folgen bis zum Tunnel zur Ortsmitte von Unterlüß. Dort lohnt ein Blick ins Albert-König-Museum (wechselnde Ausstellungen aus dem Werk des Landschaftsmalers). Am Bahnhof rechts (Müdener Straße) Richtung Altensothrieth (16 km).

In Altensothrieth geradeaus weiter nach Oberohe. In Oberohe an der Kreuzung links Richtung Lutterloh zum Kieselgur Rundwanderweg. Hier lagerten sich vor über 300 000 Jahren während der Holstein-Warmzeit am Grunde von Seebecken die Schalen der Kieselalgen ab, woraus Kieselgur entstand. Kieselgur ist ein eher unbekannter, aber vielseitig verwendeter Bodenschatz z. B. zur Herstellung von Dynamit, der zwischen Faßberg und Unterlüß abgebaut wurde. Der ca. 3,5 km lange Kieselgur-Rundwanderweg ist interessant und mit den umgebenden Heideflächen landschaftlich sehr reizvoll (22 km).

Nach der Rundtour wieder am Parkplatz, zurück zur Straße und weiter Richtung Müden. Hier befindet man sich nun mitten im Naturpark Südheide mit Mooren und Wiesen, Wald und Heide und leise sprudelnden Bächen (31 km).

Müden ⇢ Hösseringen

Im Südwesten von Müden auf dem Wietzer Berg ist der engagierte Naturfreund und Heidedichter Hermann Löns (1866–1914) als Denkmal verewigt. In Müden lohnt ein Blick in die ehrwürdige Laurentius-Kirche aus dem Jahre 1217 mit dem bronzenen Taufbecken aus dem 14. Jh. Auch in Müden gibt es Mühlen zu bewundern, die restaurierte Kornmühle mit der Touristinformation und die ehemalige Sägemühle an der Örtze.

Vor der Brücke links dem Wegweiser Richtung Hermannsburg folgen. Der Asphaltweg mündet in einen Sandweg. Am Ende des Sandweges links Richtung Hermannsburg (Radweg neben der Asphaltstraße; 38 km).

Hermannsburg, über tausend Jahre alter Heideort, berühmt über die Grenzen Europas hinaus durch die 1849 vom Heidepastor Harms gegründete »Hermannsburger Mission« und ihr Wirken in Schwarzafrika. Die Ausstellung im Ludwig-Harms-Haus ist ebenso sehenswert wie die steinalte Kirche St. Peter Paul, die zwischen 958 und 972 vom Sachsenherzog Hermann Billung erbaut wurde.

Weiter über Weesen, wo der Asphaltweg in einen Sandweg mit halbwegs komfortabler Schotterspur mündet, nach Lutterloh (48 km). Links auf den Radweg neben einer Asphaltstraße Richtung Unterlüß (55 km). Durch die Unterführung am Bahnhof, die schon von der Hinfahrt vertraut ist, U-Turn Richtung Hösseringen/Räber, der Bahnstrecke folgen. Der Weg geht in Asphalt über, ein Tunnel führt links unterm Bahndamm hindurch, Sandweg bis Räber, an der Kreuzung links der Straße nach Hösseringen (kein Radweg) folgen (69 km). Nach einer letzten Steigung endet die Tour am Parkplatz des Museumsdorfes Hösseringen.

Wandern

⇢ S. 121, E 8

Unter den unendlich vielen Möglichkeiten, das Land Niedersachsen und seine Schönheiten geruhsam und ganz entspannt zu Fuß zu erkunden, ist die Wanderung auf den Brocken sicher nicht die komfortabelste, aber sie ist nun mal so beliebt und spektakulär, dass hier gleich vier Wege auf den Gipfel beschrieben werden sollen. Festes Schuhwerk ist ange-

Wer kein Mountainbike besitzt, sollte sich für die Tour durch die Südheide zumindest ein Fahrrad mit breiten Reifen leihen.

sagt. An besonders schwierigen (und schmierigen) Stellen gibt es Gehhilfen wie die Bohlenwege am Eckerlochstieg, dessen Klippen schon einige Anstrengungen abverlangen. Im Winter sind im Nationalpark Hochharz übrigens 30 km Loipen gespurt, und 20 km Wanderwege halbwegs geräumt. Aber Vorsicht! Es gibt immer wieder Verwehungen. Wo der Wind scharf bläst, liegt kaum Schnee, dafür ist es eisglatt. Doch wo Goethe noch im Winter durch weglose Wildnis stapfte, wandert es sich heute recht komfortabel.

Der Goetheweg

Der Dichter wanderte von Torfhaus über den Eckersprung und den Königsbergerweg zum Brocken. Heute ist der Goetheweg in drei Stunden bewältigt. Start am Großparkplatz Torfhaus neben der B4 Richtung Braunlage, links ab zum Abbegraben, am Torfhausmoor vorbei und am Fuß des Quitschenbergs (882 m) durch den Wald hinauf zur Brockenbahn, der Trasse folgen bis zur Brockenstraße. Sie führt direkt zum Gipfel.

Schierke – Eckerloch – Brocken

Spannender ist der Aufstieg durchs Eckerloch. Rund vier Stunden sollte man einplanen. Beim alten Wasserwerk an der Brockenstraße rechts in den Wald, am Schluftwasser steil bergauf durch den Nationalpark ins Eckerloch. Hinter den Brockenbahngleisen durchs Moor (glitschige Felsen) zur Brockenstraße.

Ilsenburg – Scharfenstein – Brocken

Man braucht klares Wetter, sieben Stunden und gute Kondition Die ersten Kilometer durchs Ilsetal dem Heineweg folgen, dann Richtung Eckerstausee. Herrliche Ausblicke! In der Rangerstation am Scharfenstein kann man einkehren. Dann steil über den Hirtenstieg, entlang der ehemaligen Grenze, aufwärts. (Übrigens der einzige Wanderweg, der nicht in die Brockenstraße mündet.)

Erlebnistouren auf dem Brocken

Geführter Rundwanderweg auf der Brockenkuppe, ca. eine Stunde ab Brockenhaus.

Jan.–April, Nov.–Dez., tgl. 12 Uhr; Familienwanderung – Natur zum Anfassen, Feb., Jun.–Sept. tgl. 10.15 Uhr, 2–3 Std. ab Infohaus »Hohnehaus«, 6 € pro Familie

Weitere Wanderungen u. a. »Mit dem Ranger auf Tour«, »Mit dem Förster durch den Nationalpark« oder »Vogelstimmenwanderung«. Anmeldungen über das Nationalparkamt in Wernigerode.

Nationalpark Hochharz, Lindenallee 35, 38855 Wernigerode; Tel. 0 39 43/5 50 20, Fax 55 02 37; www.nationalpark-harz.de

Heidewanderungen

Für die Romantiker des Flachlandes: Ein Heidenspaß ganz in Lila: Zur Heideblüte in Schnuckeheide in Repke, auf dem Naturlehrpfad durch die Gif-

horner Heide wandern, die Heidelandschaft in Winkel und Warenholz erkunden, durch die Schweimker oder die Bokeler Heide wandern. Eine Fülle von Ideen und Anregungen vermittelt die Infoseite im Internet.
www.reiseland-niedersachsen.de

MERIAN-Tipp

8 Der Heinrich-Heine-Weg auf den Brocken

Die Route Ilsenburg – Ilsetal – Brocken ist Poesie im Grünen. Dreieinhalb Stunden pure Romantik. Vom Ilsetal zum Ilsestein und zu den Ilsefällen. Der Waldweg als Literaturpfad mit Texttafeln an den Schauplätzen der »Harzreise«.

Erlebnispfad Asse ⇢ S. 121, F 5
Eine Wanderung durch den Höhenzug Asse am Harzsüdrand, zwei Stunden mit harmloser Kraxelei (für Kinderwagen allerdings nicht geeignet). Am Waldhaus Asse geht es los, leichter Anstieg zu den alten Schneitelhainbuchen an der Liebes-Allee, mit Waldreben in den Baumkronen (die Liane des deutschen Waldes). Vom 24 m hohem Bismarckturm, Jahrgang 1901, schöne Aussicht über den Altbuchenbestand bis zum Brocken. Dem Turm folgt nach kurzer Strecke eine kleine und eine zweite, größere mittelalterliche Burgruine, ein Weganschnitt im Unteren Bundsandstein legt geologische Zeitschichten bloß, später bewegt sich der Weg durch den Unteren Muschelkalk in eine verarmte Orchideen-Buchenwald-Gesellschaft zur ehemaligen Schachtanlage Asse, das weltweit erste stillgelegte Endlager für Atommüll. Durch den Forst geht es zurück zum Parkplatz. Im Waldhaus Asse gibt es Gerichte wie Hirschbraten oder Jägerschnitzel sowie einen Biergarten. Gut platzierte Tafeln geben Informationen zu den »Erlebnispunkten«. Ausführliche Hintergrundinformationen zu jeder Wanderung im Geopark Ostfalen finden sich in ansprechend gestalteten Broschüren.
Geopark Informationszentrum, An der Stadtkirche 1, 38154 Königslutter; Tel. 0 53 53/91 32 35; www.geopark-braunschweiger-land.de; 1. April.–31. Okt. Di–Fr 10–17, Sa, So 11–17, 1. Nov.–31. März Di–Fr 14–17, Sa, So 13–17 Uhr; Eintritt frei

Auch im Winter ist der Hochharz für Wanderer reizvoll – dann aber lieber mit Wanderkarte! Für Sportler sind Loipen gespurt.

Wissenswertes über die Region

Die Heidschnucken, Symboltiere der Heide und umweltfreundliche Rasenmäher. Das A–Z verrät, wo man sie kaufen kann.

Noch mehr Informationen zum Land der Heidschnucken, Hengstparaden und Brockenhexen, Natur- und Kulturattraktionen, wo man im Heu schläft oder Zebras beobachten kann von A bis Z.

Jahreszahlen und Fakten im Überblick

1031
Braunschweig wird als »Brunesguik« erstmals erwähnt.

1135
Kaiser Lothar von Süpplingenburg beginnt mit dem Dombau in Königslutter.

1302
Die Herren Bartensleben errichten auf Eisengut eine Burg, die sie Wolfsburg nennen. Erste Nennung als »wluesborch« in einer Urkunde.

1572
Herzog Julius zu Braunschweig-Lüneburg gründet die spätere Herzog August Bibliothek in Wolfenbüttel und 1576 die Universität Helmstedt.

1574–1622
Umbau des Schlosses zum Renaissance-Schloss. Im Dreißigjährigen Krieg wird es schwer beschädigt.

1575
Anna Behringer aus Nordhausen gesteht unter Folter, mit dem Teufel auf dem Brocken zur Walpurgisnacht verkehrt zu haben. Zehn Tage später endet sie auf dem Scheiterhaufen.

1680
Die Kurfürsten von Brandenburg werden Landesherren über Schloss Wolfsburg (seit 1701 Könige von Preußen).

Ab 1714
Die hannoverschen Welfen regieren ihre Stammlande und das britische Weltreich (bis 1837) von London aus.

1725
Der letzte Bär wird an den Hängen des Brockens erschossen.

1735
Kurfürst Georg II. von Hannover, zugleich König von Großbritannien, gründet das Landgestüt Celle zur Aufzucht königlicher Hengste.

1740
Kurfürst Georg II. August von Hannover legt in Herrenhausen eine botanische Sammlung an.

1742–1756
Erbtochter Anna Adelheit Catharina, verheiratet mit Adolph-Friedrich von Schulenburg-Beetzendorf, herrscht als einzige Frau auf Wolfsburg.

1777
Goethe besichtigt die Baumannshöhle in Rübeland, die damals einzige bekannte Tropfsteinhöhle Deutschlands, und besteigt den Brocken bei Nacht. Im Dezember!

1798
Der letzte Wolf wird im Harz erlegt.

1804
Der junge Kronprinz Ludwig von Bayern beschreibt das »neue« Brockenhaus: »Es sind für 32 Menschen Betten hier, freilig ist die Unterlage statt aus Matratzen bestehend nur Moos in Leintücher genähet.«

1824
Harry Heine wird Doktor der Rechte, tritt zum protestantischen Glauben über, ändert seinen Vornamen in Heinrich und unternimmt im Sept./Okt. von Göttingen aus eine längere Fußwanderung durch den Harz. Das Manuskript der Harzreise erscheint 1826 als erstes Stück seiner »Reisebilder« bei Campe in Hamburg.

1832
Otto von Bismarck steigt zum ersten Mal auf den Brocken. Beim zweiten Mal, 1846, ist er gerade zum Deichhauptmann für den Unteren Magdeburger Deichbezirk ernannt worden.

Hier begegnet er Johanna von Puttkammer aus Hinterpommern, die er am 28. Juni 1847 heiratet.

1838–1842
Graf Carl Friedrich von der Schulenburg lässt den Westflügel des Wolfsburger Schlosses wiedererrichten.

1899
Die erste Brockenbahn fährt von Drei-Annen-Hohne über Schierke auf den Brocken. Auf 18,9 km überwindet sie einen Höhenunterschied von 582 m. Für den Bau wurden 90 000 m^3 Moor ausgehoben.

1936
Auf dem Brocken wird der erste Fernsehturm der Welt gebaut, 53 m hoch. 1938 installiert Telefunken eine Antennenanlage. Der Krieg unterbricht die Sendetätigkeit für zivile Zwecke.

1938
Zu Jahresbeginn erfolgt die Aufnahme der Bauarbeiten am nördlich des Mittellandkanals gelegenen Volkswagen Werk, die als weltgrößte Automobilfabrik geplant wird. Parallel entsteht im Norden Braunschweigs eine kleinere Werksniederlassung, die der Ausbildung des Facharbeiternachwuchses und dem Werkzeug- und Lehrenbau dient. Im Zusammenhang mit der Industrieansiedlung zwischen Fallersleben und Vorsfelde soll eine Musterstadt entstehen, die zum 1. Juli 1938 die Bezeichnung »Stadt des KdF [Kraft durch Freude]-Wagens« erhält.

1939–1945
Im Zweiten Weltkrieg wird die Produktion des VW-Werks auf Rüstung umgestellt; ausländische Zwangsarbeiter stellen das Gros der Belegschaft. Alliierte Bombardements beschädigen die Werksanlagen schwer.

1944
Braunschweigs Altstadt wird bei Bombenangriffen weitgehend zerstört.

1945
Nach der Befreiung von der NS-Diktatur durch amerikanische Truppen gibt die Stadtverordnetenversammlung der Kommune den Namen »Wolfsburg«. Bis 1947 bleibt der Brocken unter amerikanischer Besatzung; durch eine Grenzbereinigung wird er Teil der DDR.

1957
Das Volkswagen Werk steigt zum Symbolunternehmen des deutschen Wirtschaftswunders auf. In Wolfsburg sind es 32 634 Mitarbeiter.

1961
13. August. Der Brocken wird als Sperrzone der Staatsgrenze zum militärischen Sperrgebiet erklärt.

1972
Mit der niedersächsischen Gemeindereform werden Fallersleben und Vorsfelde eingegliedert. Die Einwohnerzahl Wolfsburgs steigt auf 131 000.

1988
Gründung eines Hochschulinstituts für Fahrzeugbau in Wolfsburg.

1989
3. Dezember. Sternwanderung zum Brocken. Tausende skandieren: »Aufmachen! Aufmachen!«

1991
29. Januar. Die Grenztruppen räumen den Brocken.

1994
Eröffnung Kunstmuseum Wolfsburg.

2000
Am 1. Juni öffnet, parallel zur Weltausstellung Expo 2000 in Hannover, die Autostadt ihre Pforten.

2006
Die Nationalparke Harz und Hochharz fusionieren zum bundesländerübergreifenden Nationalpark Harz.

Nützliche Adressen und Reiseservice

Anreise zur Autostadt

Mit der Bahn

Die schnellste und bequemste Anreise bietet der ICE. Vom Wolfsburger Bahnhof führt eine überdachte Fußgängerbrücke zur Autostadt.

Von Berlin dauert die Anreise weniger als eine Stunde; von Hannover sind es nur 30 Min., von Hamburg schon etwas mehr als zwei, von München dauert die Fahrt mit Umsteigen in Hannover rund sechs Stunden bis Wolfsburg.

Mit dem Auto

Wolfsburg liegt an der A2, rund 220 km von Berlin oder Hamburg entfernt. Wer aus südlicher Richtung anreist, nimmt am Autobahnkreuz Wolfsburg/Königslutter die A39 bis zur Abfahrt Wolfsburg West, von dort geht es weiter Richtung Innenstadt. Von Hamburg empfiehlt sich die stressfreie Anreise ohne Stau über die B4 Richtung Braunschweig, Gifhorn, die an einigen malerischen Gegenden vorbeiführt.

Schöner, beschaulicher und trotzdem schnell ist die Route über Wittingen (ab Uelzen Richtung Bad Bodenteich, ab Wittingen weiter auf der Bundesstraße 244). Für die Anreise aus München sollte man – ohne Stau – fünfeinhalb Stunden einplanen.

Rund um Wolfsburg ist die Autostadt gut ausgeschildert.

Auskunft

Hannover Tourismus Service → S. 118, A/B 4
Ernst-August-Platz 8, 30159 Hannover;
Tel. 05 11/1 23 45-1 11, Fax 1 23 45-1 12;
www.hannover-tourism.de

Tourismusverband Hannover Region e. V. → S. 118, A/B 4
Prinzenstr. 12, 30159 Hannover;
Tel. 05 11/3 66 19 81, Fax 3 66 19 97;
www.tourismus-hannover-region.de

Städtischer Verkehrsverein Braunschweig e. V. → S. 121, E 5
Vor der Burg 1, 38100 Braunschweig;
Tel. 05 31/4 70 20 40, Fax 4 70 20 40;
www.braunschweig.de

TourismusRegion BraunschweigerLAND e. V. → S. 121, östl. F 5
Rosenwinkel 8, 38350 Helmstedt;
Tel. 0 53 51/1 21 14 43, Fax 1 21 16 22;
www.braunschweiger-land.de

Tourist Information Hildesheim → S. 120, B 6
Rathausstr. 18–20, 31134 Hildesheim;
Tel. 0 51 21/1 79 80, Fax 17 98 88;
www.hildesheim.de

Königslutter am Elm → S. 121, F 5
Fremdenverkehrsamt, Am Markt 1,
38154 Königslutter am Elm;
Tel. 0 53 53/9 12-1 29, Fax 9 12-1 55;
www.koenigslutter.de

Lüneburger Heide Tourismus GmbH → S. 119, nördl. D 1
Barckhausenstr. 35, 21335 Lüneburg;
Tel. 0 18 05/20 07 05, Fax 0 41 31/4 26 06;
www.lueneburger-heide.de

Harzer Verkehrsverband → S. 121, D 7
Marktstr. 45, 38640 Goslar;
Tel. 0 53 21/3 40 40, Fax 34 04 66;
www.harzinfo.de

Urlaubsregion Heidmark → S. 119, E 2/3
Bahnhofstr. 29a, 29386 Hankensbüttel;
Tel. 0 58 32/70 66, Fax 70 68;
www.urlaubsregion-heidmark.de

Bäder

aquaLaatzium → S. 120, B 5
Fünf Becken und ein Naturbadesee ohne Chlorzusätze (nur im Sommer), Wasserkreisel, Wasserfall, Whirlpool, Kleinkinderbecken mit Rutsche (kostenlose Kinderbetreuung!). Sola-

rium, Saunarium mit Finnsauna, Türkischer Massage, Serailbad, Dampfbad und Tepidarium, Erdsauna und Erlebnisduschen. Im Angebot: Sibirische Banja-Zeremonien, Zaren-Banja oder Hamam-Zeremonien. Saunarestaurant Aladin und Schnellrestaurant »Blubb«. Das aquaLaatzium hat im strengen www.badetest.de mit 31 von 36 Punkten sehr gut abgeschnitten.
Hildesheimer Str. 118, 30880 Laatzen; Tel. 05 11/8 60 24 90; www.aqualaatzium.de; mit der Stadtbahn Linie 2 Richtung Rethen bis Haltestelle Laatzen/Stadtbad; Eintritt (3 Stunden) 4,90 €, Kinder bis 6 Jahre 1,10 €, Kinder und Jugendliche bis 18 Jahre 3,30 €, Tageskarte 8 €, Kinder bis 6 Jahre 1,10 €, Kinder und Jugendliche bis 18 Jahre 5,40 €

Celler Badeland → S. 118, C 3
Sieben Becken, darunter Erlebnisbecken, Solebecken und Außenbecken sowie zwei Whirlpools. Fünf Rutschen, darunter Wildwasser- und Röhrenrutsche, Solarium und Spielplatz, Babybecken mit Minirutsche, Strudel und Wasserfall (außen). Außerdem Volleyballfeld, Tischtennis und ein Bistro.
77er Str. 2, 29221 Celle; Tel. 0 51 41/ 9 51 93 50; www.celler-badeland.de; Eintritt (3 Stunden) 4 €, Jugendliche bis 15 Jahre 2,50 €, Freibad 3 €/2 €, Sauna 9,50 €/5 €, Tageskarte (ohne Sauna) 9 €/5 €

Wasserparadies Hildesheim → S. 120, B 6
Planschbecken, Abenteuerbecken, Whirlpools, Sportbecken (25 m), Kalttauchbecken, Erwachsenenbecken, Außenbecken, es gibt für jeden etwas bei Temperaturen zwischen 14 und 37 °C. Außerdem: Röhrenrutsche, Steilwandrutsche, Kinderrutsche. Auf dem Trockenen finden sich ein Kinderspielzimmer, ein Fastfood-Imbiss und ein Imbiss im Saunabereich.
Bischof-Janssen-Str. 30, 31134 Hildesheim; Tel. 0 51 21/1 50 70; www.stadtwerke-hildesheim.de; Tageskarte 15,60 € (Spaßbad), Kinder 9,10 €

Sehusa-Wasserwelt → S. 120, C 7
Im Sommer 2004 eröffnet: Schwimmbad mit Drei-Meter-Turm, 25 m lang, Solebecken mit 32 °C Wassertemperatur, Whirlpool und Wasserfall, Kinderbecken. Große Saunalandschaft, Finnische Sauna mit trockener Hitze von 90 bis 100 °C, Bio-Bad mit 60 °C, Dampfbad, Blockhaus-Sauna mit 80 bis 90 °C. Die heißeste Attraktion: Die Maa-Sauna, auch Erd-Sauna genannt, Urform der Finnischen Sauna mit 110 bis 120 °C. Massagen nach Termin.
Engelader Str. 3, 38723 Seesen; Tel. 0 53 81/50 25; www.sehusa-wasserwelt.de; Eintritt Tageskarte 6 €, Jugendliche bis 16 Jahre 3,50 €, inkl. Sauna 11,50 €/9 €

Stadionbad Hannover → S. 118, A/B 4
Großzügig angelegtes Sportbad mit Palmen, Sauna und Solarien. Drei Becken, darunter ein olympiareifes 50 m Sportbecken, Lehr- und Nichtschwimmerbecken mit Wasserpilz und Kinderrutsche. Zehn-Meter-Sprungturm mit Drei-, Fünf-, Siebeneinhalb- und Zehn-Meter-Plattform. Freigelände mit großer Liegewiese und »Spielstadt Brüssel«. Sa ab 14 Uhr Spielnachmittag mit Wasserspielgeräten.
Arthur-Menge-Ufer 5A, 30169 Hannover; Tel. 05 11/16 84 54 11; Eintritt Tageskarte 3,20 €, Kinder 1,90 €, inkl. Sauna 6,80 €/6,80 €

Badeland im Allerpark → Umschlagkarte hinten, f 2
s. Wolfsburg → S. 66

Badeseen

Allersee → Umschlagkarte hinten, f 2/3
Wolfsburgs beliebtes Naherholungsgebiet, 1971 künstlich geschaffen, hat

ca. 300 000 qm und ist als Segelrevier mit Surf-, Ruder- und Kanusportanlagen ausgestattet. 850 m Sandstrand sind nicht zu verachten.

Campingplatz am Allersee, In den Allerwiesen 5, 38446 Wolfsburg; Tel. 0 53 61/6 33 95, Fax 65 12 71; www.camper-carlos.de

Maschsee → S. 120, A 5

Das Binnenmeer der Landeshauptstadt, angelegt als Arbeitsbeschaffungsmaßnahme der Nazis zwischen 1934 und 1936 südlich des Stadtzentrums, 2,5 km lang, rund 500 m breit und maximal 2 m tief, heute als Naherholungsgebiet unentbehrlich, denn es schafft die seelische Balance der Stadt zwischen Party und Idylle. Jogger lieben die 6-km-Strecke um den See, Skater, Radler und Spaziergänger auch. Am Nord- und Ostufer führen Straßen entlang (Parkmöglichkeiten), das Westufer ist eher verträumt. Auf dem See verkehren Ausflugsboote der Hannoverschen Verkehrsbetriebe, darunter ein solargetriebenes Glasboot.

Auf dem Maschsee kann man segeln, rudern und Tretboot fahren. Am Ostufer gibt es einen Bootsverleih und eine Segelschule. Das Strandbad am Südufer ist herrlich, aber auch ziemlich überlaufen, Eintritt frei. Im Winter wird der See (bei günstiger Witterung) zum Eislaufparadies.

Rund um den See gibt es ein Mövenpickrestaurant, das Restaurant »Pier 51«, ein Inselcafé und einen besonders beliebten Inliner-Biergarten. Events wie der Silvesterlauf, das Europäische Drachenbootrennen oder das Maschseefest (→ S. 109) verwandeln die Ufer schnell in eine Partymeile.

Buslinien 132, 250 (Maschsee/Sprengel Museum Hannover), 267 (Sonderlinie zum Maschseefest)

Tankumsee → S. 119, E 4

Der See, zwischen Wolfsburg und Gifhorn bei Isenbüttel gelegen, mit dem 1000-m-Sandstrand bietet eine wahre Vielfalt von Spiel- und Sportmöglichkeiten. In alphabetischer Reihenfolge: Angeln, Baden, Beachhandball, Beachsoccer, Kegeln, Kutschfahrten, Minigolf, Ponyreiten, Radeln (Fahrradverleih vor Ort), Scooter fahren, Segeln, Surfen, Tauchen, Tennis, Tretbootfahren, Triathlon, Wandern, Wasserrutschen. Es gibt Spielplätze, Grillstationen und einen Campingplatz sowie Ferienhäuser, ein Seehotel und mehrere Kioske und Gaststätten.

Dannenbüttler Weg 12, 38550 Isenbüttel; Tel. 0 53 74/16 65, Fax 18 51; www.tankumsee.de

Ballontouren

Glück ab, gut Land. Der Ballonfahrergruß. Und schon hebt man ab, ohne Zweifel die schönste Art, in die Luft zu fahren.

Lorenz Ballooning → S. 119, E 4

Ballonzentrum am Tankumsee. Eine umgebaute Tennishalle als Luftwerft mit Shop und Snackbar, Squash, Tennis, Badminton und Billard. Start morgens zwischen 5 und 7 Uhr oder abends von 18 bis 20 Uhr (in den Sommermonaten; im Winter je nach Wetterlage früher). Die Fahrt dauert rund eine Stunde.

Dannenbütteler Weg 14, 38550 Isenbüttel; Tel. 0 53 74/67 21 21, Fax 67 21 22; www.lorenz-ballooning.de; Frühstart 150 €, Abends und an Wochenenden 200 €

Elm-Asse-Ballon → S. 121, F 6

Heißluft- und hochmoderne Gasballons, die nach dem Prinzip von 1784 funktionieren, Startplätze in Schöppenstedt, Braunschweig, Salzgitter oder Wolfenbüttel.

Stahlkopf & Gottsmann, Hauptstr. 25, 38170 Eitzum (Bei Schöppenstedt); Tel. 0 53 32/33 26 oder 0 53 05/24 93; www.ballonfahren-braunschweig.de; Termine nach Vereinbarung, Abfahrt auf Zuruf; Preis 180 € pro Person, Kinder 150 €

Ballontouren ⇢ S. 121, D 7/ D 6
Den Harz in aller Ruhe aus der Vogelperspektive betrachten. Ein Bus bringt die Ballonfahrer zum Ausgangspunkt zurück. Startplätze sind Goslar oder Salzgitter. Lange Warteliste!
Heiko Rataj, Rammelsberger Str. 99, 38640 Goslar; Tel. 01 71/8 09 79 32; Preis 175 € pro Person

Buchtipps

MERIAN *extra* **Autostadt in Wolfsburg.** Renommierte Autoren und Fotografen haben sich im Themenpark umgesehen. Jahreszeiten Verlag, Hamburg.

MERIAN Harz. Reise-Magazin mit Reportagen, Bildstrecken und großem Service-Teil.

Heinrich Heine: **»Die Harzreise«.** Überraschend an diesem frech-romantischen Bericht aus dem Jahre 1824 ist seine zeitlose Frische. Taschenbuchausgabe im Husum Verlag.

»Abenteuer und Spekulation – Goethe und der Harz«. Der aufwendig produzierte Text- und Bildband ist ein mehr als anregendes Sittengemälde zwischen Buchdeckeln. Herausgegeben von Christian Juranek, Verlag Janos Stekovics, Halle.

»Der Brocken – Berg zwischen Natur und Technik«. Praktisch, informativ, inklusive zwei Wanderkarten. Schmidt-Buch-Verlag, Wernigerode.

»Der Brockengarten im Harz«. Für die Botaniker unter den Bergsteigern unentbehrlich. Mit vielen Fotos. Studio Volker Schadach, Goslar.

Camping

Südsee-Camp Wietzendorf ⇢ S. 118, B 2
Mehrfach preisgekrönt als »Campingplatz des Jahres«: Das Südsee-Camp Wietzendorf in der Lüneburger Heide mit 3,5 ha großem See und langem Sandstrand, 70 Einzelwaschkabinen, 90 Duschen und sogar Hundebädern. Kinder waschen sich im »Kinderland«. Ferienhäuser für Familien; auch Mietwohnwagen und Mobilheime. Die Attraktion: Das subtropische Badeparadies mit Wellenbad, Wildwasser-Kanal und Whirlpools, Kleinstkindrutsche und Piratenschiff. Dazu gehört eine Saunawelt mit Dachterrasse. Vielseitiges Sportangebot.
29649 Wietzendorf; Tel. 0 51 96/98 01 16, Fax 98 02 99; www.suedseecamp.de

Campingplatz »Am Müggelsee« ⇢ S. 120, B 6
Der Campingplatz liegt am Rande von Hildesheim direkt am Badesee. Gepflegte sanitäre Einrichtungen (Dusch- und Toilettenräume), Kiosk mit Imbiss, Einkaufsmöglichkeiten in 500 m Entfernung. Die historische Innenstadt ist bequem mit dem Bus zu erreichen. Fuß- und Radwege führen direkt in die Stadt (ca. 2 km).
Am Müggelsee 4, 31135 Hildesheim; Tel: 0 51 21/5 31 51, Fax 51 40 18; www.mueggelseeHI.de

Einkaufen

designer outlets Wolfsburg ⇢ Umschlagkarte hinten, d 4
Seit Herbst 2007 lockt das einzige Outlet-Center Norddeutschlands gegenüber der Experimentierlandschaft phaeno. 50 Shops bieten neben Mode von jungen Labels, Sports- und Outdoorwear, Uhren und Schmuck, Lederwaren und Heimtextilien.
An der Vorburg 4, 38440 Wolfsburg; www.designeroutlets.com; Mo–Sa 10–20 Uhr

Erlebnisparks

Heidepark Soltau ⇢ S. 118, B 1
Rund 1,5 Mio. Besucher jährlich zählt der größte Erlebnispark Norddeutschlands auf einer Fläche von 850 000 qm, mit über 40 Fahrattraktionen – unter anderem der steilsten Holzachterbahn der Welt, drei weiteren Achterbahnen, vier Wasserbahnen und dem höchsten Gyro-Drop-Tower weltweit. Außerdem: Piraten- und Tiershows, Kinderspielplätze, Mississippi-Dampfer und holländische Grachtenfahrt. Zahlreiche Gastronomie-Betriebe, darunter ein fast »echtes« Capitol.

MERIAN-Tipp

9 Internationaler Feuerwerkswettbewerb in Hannover

Diese Kunst steigt zum Himmel. Feuerwerk mit Musik als barocke Tradition. Die besten Pyrotechniker der Welt zünden um die Wette! Termine: Fünf Abende im Mai oder Juni bzw. August oder September.

Beginn 18.30, Einlass 17.30 Uhr; Kartenvorverkauf: Hannover Tourismus Service, Ernst-August-Pl. 2, 30159 Hannover; Hotline 05 11/1 23 45-2 22; www.hannover-tourism.de
Die Eintrittskarten sind auch gültige Fahrscheine im öffentlichen Nahverkehr für An- und Abreise. Stadtbahn Linien 4 und 5 ab Hannover Innenstadt (Kröpcke) Richtung Stöcken, Garbsen, Haltestelle »Herrenhäuser Gärten«

→ S. 118, A/B 4

Heidenhof, 29614 Soltau; Tel. 0 18 05/91 91 01, Fax 0 51 91/9 11 11; www.heide-park.de; Ende März–Ende Okt. 9–18, im Hochsommer Sa bis 20 Uhr; Eintritt Tageskarte 26 €, Kinder 4–11 Jahre 22 €, Zwei-Tages-Karte und Jahreskarte 42 €

Serengeti-Park Hodenhagen

→ S. 118, A 2/3

Afrika meets Achterbahn. Der Erlebnispark verwandelt über 110 ha Heideland in eine Art Savannen-Zoo mit frei laufenden Giraffen, Bisons und Nashörnern, Zebras und Löwen. Die Gäste fahren im »Safaribus« durch die Wildnis. Eine besondere Attraktion ist eine Gruppe weißer Tiger. Der Park mit mehr als 200 Tieren grenzt an das »Freizeitland« mit Riesenrutsche, Autoscooter und Abenteuerspielplätzen. Im »Wasserland« warten Wildwasserbahn und Fledermausflug, Entenkarussell und Schiffsschaukel.

Am Safaripark 1, 29693 Hodenhagen; Tel. 0 51 64/9 79 90, Fax 24 51; www.serengeti-park.de; Ende März–Ende Okt. tgl. 10–18 Uhr; Eintritt 20 €, Kinder 18 €

Feste und Festspiele

Februar

Karneval in Braunschweig

→ S. 121, E 5

Zum Auftakt der »Tollen Tage« zieht ein mehr als 5 km langer Festzug durch die Stadt. Der längste Karnevalsumzug Norddeutschlands lockt bis zu 200 000 Menschen an.

www.bs-karneval.de

April

Wolfenbütteler Osternest

→ S. 121, E 5/6

Hier kommt der Osterhase live und verteilt am Samstag ab 12 Uhr vom größten Osternest Niedersachsens einige tausend Eier und Süßigkeiten.

www.wolfenbuettel.com

Walpurgisnacht

Am 30. April in Goslar auf dem Marktplatz und als wildes Hexenspektakel in mehreren Orten im Harz und auf dem Brocken.

Buspullingmeisterschaften

→ S. 121, E 5/6

Echtes Kräftemessen als Mannschaftssport. Über 30 Teams ziehen in Wolfenbüttel Busse um die Wette. Auftakt für das jährliche Maifest.

Mai–September

Swinging Hannover

→ S. 118, A/B 4

Das legendäre Jazzfestival des Jazz Clubs Hannover steigt am Himmelfahrtstag auf dem Trammplatz vor dem Neuen Rathaus (→ S. 88).

Tel. 05 11/45 44 55; www.jazz-club.de; Eintritt frei

Juni

»Nacht der Museen«

→ S. 118, A/B 4

Tolles Angebot der Museen, Kunstvereine, Bibliotheken und anderer Kultureinrichtungen in Hannover: Über

sieben Stunden (von 18–1 Uhr) Programm mit Führungen, Lesungen, Theater, Performances, Kurzfilmen, Musik und Angeboten für Kinder.
www.museumsnacht-hannover.de; Eintritt frei

Juni–September
Festwochen Herrenhausen
→ S. 118, A/B 4
Konzerte und Opernaufführungen in Hannovers königlichem Barockgarten (→ S. 86), Theateraufführungen im Gartentheater und Illuminationen mit Händels Wassermusik im Großen Garten verwandeln Herrenhausen von Juni bis September in ein Gesamtkunstwerk. Eventkultur vom Feinsten!
www.festwochen-herrenhausen.de; Vorverkauf: Künstlerhaus, Sophienstr. 2, 30159 Hannover; Tel. 05 11/1 68-4 12 22, Fax 1 68-4 47 17; Info-Pavillon am Großen Garten, Herrenhäuser Str. 3c, 30159 Hannover; Tel. 05 11/1 68/4 77 44

Juli
Kleines Fest im Großen Garten
→ S. 118, A/B 4
An 14 Abenden im Juli treten in Hannover Künstler in Rokoko-Kostümen, Gaukler und Zauberer auf 30 Bühnen auf. Barockmusik schallt aus Hecken und Büschen. Das zauberhafteste aller Sommerfeste im Rahmen der Festwochen Herrenhausen ist früh ausverkauft. Schriftliche Bestellungen ab Frühjahr; an den Abendkassen sind noch jeweils 200 Karten erhältlich.
www.festwochen-herrenhausen.de; Beginn jeweils 19, Einlass ab 18.15 Uhr

Illuminationen im Großen Garten
→ S. 118, A/B 4
Im Sommer; Termine unter www.festwochen-herrenhausen.de

Maschseefest in Hannover
→ S. 120, A 5
Sommerfest mit mehr als 2 Mio. Besuchern an den Ufern des Maschsees mit drei Bühnen an der Löwenbastion, an der Maschseequelle und am Nordufer, auf denen Musik für jeden Geschmack präsentiert wird. Schattige Baumalleen, ein von Palmen gesäumter Boulevard und vielfältiges gastronomisches Angebot. Beginn am letzten Mittwoch im Juli, Dauer 19 Tage. Feuerwerk am Eröffnungstag und am letzten Samstag um 22 Uhr.
www.maschseefest-hannover.de

Braunschweig Classix Festival
→ S. 121, E 5
Das aus dem bundesweit gerühmten Kammermusikpodium hervorgegangene Klassik-Event erfasst mit über 40 Veranstaltungen die ganze Region, vom Opern Dinner im Hotel Courtyard Marriott Braunschweig über Konzerte in der Stadthalle, im Großen Saal Magdeburg und im Palais am Fürstenwall, im Theater Wolfsburg, im Kraftwerk Buschhaus (zwischen Helmstedt und Schöningen, mit Anbindung an die A2 Hannover–Berlin, an der B244) und im Lessingtheater Wolfenbüttel. Neben internationalen Orchestern, Kammermusikensembles, Stars und Solisten der ersten Garnitur ist auch begabter Nachwuchs zu hören. Außer Klassik gibt es auch reichlich neue Töne, Salsa und Latin Jazz, Kinderkonzerte und ein Musikfest.
Ticket-Hotline 0531/22 21 11; www.braunschweig-classix-festival.de

Das Hildesheimer Rosenfest
→ S. 120, B 6
In der Innenstadt blühen Anfang Juli Kleinkunst, Musik und Theater. In der Fußgängerzone dreht sich alles um die Rose, Infostände, Walk-Acts, Kleinkunst. KNAX Abenteuerfest für Kinder.
Tourist Information; Tel. 0 51 21/1 79 80, Fax 17 98 88

August
Wernigeröder Schlossfestspiele
→ S. 121, F 7
Serenadenkonzert, öffentliche Generalprobe und Operaufführungen des Philharmonischen Kammerorchesters

Wernigerode im Innenhof des Schlosses. Außerdem: Familienprogramm und musikalischer Spaß für Kinder.
Karten und Programm: Schloß Wernigerode GmbH, Am Schloß 1, 38855 Wernigerode; Tel. 0 39 43/55 30 30; Tickets: Ticketcenter »Alte Kapelle«, Tel. 0 39 43/ 62 54 93, Fax 62 54 95; Biber-Ticket-Hotline 0 18 05/12 13 10; Programm: www.kammerorchester-wr.de

M'era Luna Festival → S. 120, B 6
Jedes Jahr treffen sich Mitte August Dark-Wave- und Gothic-Fans aus ganz Europa in Hildesheim, um ein melancholisch-düsteres Wochenende zu zelebrieren. Das M'era Luna-Festival ist das größte seiner Art auf dem Kontinent und zieht jährlich weit über 20 000 Besucher an. Das Festivalgelände befindet sich auf dem Flugplatz der Stadt und bietet neben mehreren Bühnen und einem großen Campingplatz auch einen kleinen Markt für Schmuck, Tattoos und zauberhaftes Zubehör.
www.meraluna.de

September
Sehusa-Fest → S. 120, C 7
Das größte Historienspektakel Norddeutschlands steigt am ersten Wochenende im September in Seesen im Harz. Über 1000 Akteure in stilechten Kostümen vom Raubritter über den Landsknecht bis zur Rokoko-Gesellschaft. Tanz und Theater, Ritterturnier und Kampfszenen des Dreißigjährigen Krieges und ein echt historischer Markt.
Stadt Seesen; Tel. 0 53 81/7 52 43; www.seesen.de

September–Oktober
Celler Hengstparade → S. 118, C 3
Wenn das Niedersächsische Landgestüt in Celle zur legendären Hengstparade ruft, ist nicht nur die Residenzstadt aus dem Häuschen. Die Schau der schönen Hannoveraner ist ein Event mit großer Ausstrahlung. Rund 200 Hengste werden »an der Hand, unter dem Reiter oder vor dem Wagen« vorgestellt. Dressurquadrillen und Gespannvorführungen mit historischen Uniformen gehören zu den Höhepunkten.
Spörckenstr. 10, 29221 Celle; Tel: 0 51 41/92 94-0; www.landgestuetcelle.de; jeweils an den letzten zwei Wochenenden im September und dem ersten Wochenende im Okt., Sa, So, Beginn jeweils 13 Uhr

Altstadtfeste und wilde Nächte
Drei Tage lang versetzt das Altstadtfest in Goslar die alte Kaiserstadt in Schwingung, die Altstadt von Fallersleben kommt in Stimmung und das Herbstfest in Wolfenbüttel genießt den Ruf einer Riesenfete. In Hannover steigt die Nacht der Bäder und das Tiergartenfest im hannoverschen Tiergarten.

November und Dezember
Weihnachtsmärkte gibt es unter anderem in Hannover, Braunschweig, Goslar, Uelzen und Wolfenbüttel.

Golf
Niedersachsen ist nicht nur ein sehr grünes Bundesland, sondern auch das Land der gepflegten Greens. Die besten Golf-Adressen rund um Wolfsburg.

Golfclub Herzogstadt Celle → S. 118, C 3
18 Löcher
Die ersten neun Löcher im hügeligen Profil einer ehemaligen Kiesgrube. Die zweiten neun Löcher im offenen Gelände bleiben dank einiger Wasserhindernisse und Gräben diffizil.

Mindesthandicap	36
Par	71
Länge Herren	5722 m
Länge Damen	5029 m

Beukenbusch 1, 29229 Celle-Garßen; Tel. 0 50 86/82 82, Fax 82 88; www.golf-celle.de; tgl. geöffnet, Greenfee Mo–Fr 30, Sa, So 40 €

Golfclub Hannover → S. 118, A 4

18 Löcher

Obwohl die Autobahn mitten durch den Platz führt, stellt der über 80-jährige Traditionsplatz des Golfclubs Hannover eine spannende Herausforderung dar und gilt als spielerisch anspruchsvoll. Hohe Bäume, schmale Schneisen.

Mindesthandicap	36
Par	71
Länge Herren	5685 m
Länge Damen	5102 m

Am Blauen See 120, 30823 Garbsen; Tel. 0 51 37/7 30 68, Fax 7 58 51; www.golfclub-hannover.de; Greenfee Mo–Fr 35, Sa, So 45 €

Golf-Club Isernhagen → S. 118, B 4

18 Löcher

Obwohl der Platz des Golf-Clubs Isernhagen flach und topfeben liegt, bietet er ein spannendes und durchaus schwieriges Gelände mit kleinen Teichen, Wald und manchmal auch reichlich Wind.

Mindesthandicap	34
Par	72
Länge Herren	6118 m
Länge Damen	5443 m

Auf Gut Lohne 22, 30916 Isernhagen; Tel. 0 51 39/89 31 85, Fax 270 33; www.golfclub-isernhagen.de; Greenfee Mo–Fr 35, Sa, So 45 €

Rethmar Golf Links e. V. → S. 120, C 5

27 Löcher

Einen besonders schöner Platz besitzt der Club im Sehnder Stadtteil Rethmar. Von der Golf-Legende Arnold Palmer und seinem Chefarchitekten Ed Seay gestaltet und realisiert, baumlos, windig, in eiszeitlichen Dünen.

Mindesthandicap	36
Par	72
Länge Herren	5568 m
Länge Damen	4478 m

Seufzerallee 10, 31319 Sehnde/Rethmar; Tel. 0 51 38/70 05 30, Fax 61 38 40; www.rethmar-golf-links.de; Greenfee Mo–Fr 40, Sa, So 55 €

Golfclub Wolfsburg/Boldecker Land e. V. → S. 119, E/F 4

18 Löcher

Moderne Anlage auf 77 ha mit langen Waldrändern, Hecken und schilfbewachsenen Gräben, naturnahen Wasserläufen und Teichen. Lange Fairways, viele gezielt platzierte Bunker und Wasserhindernisse, wellige Grüns im amerikanischen Schnitt, Austragungsort für den Volkswagen Golf-Cup und die Volkswagen Masters. Ab Platzreife darf gespielt werden.

Par	73
Länge Herren	6254 m
Länge Damen	5454 m

Osloßer Weg 1, 38556 Bokensdorf (nördl. Weyhausen); Tel. 0 53 66/12 23, Fax 14 17; www.golfclub-wolfsburg.de; tgl. geöffnet, Greenfee Mo–Fr 30, Sa, So 40 €

Über weitere Plätze informiert der
Golf-Verband Niedersachsen
Postfach 81 05 40, 30505 Hannover; Tel. 05 11/8 43 76 77; www.golfverband-niedersachsen-bremen.de

Heidschnucken → S. 119, E 1

Der umweltfreundliche, schafsgeduldige Rasenmäher festigt den Boden und vertreibt Maulwürfe und Mäuse. Für Kleingärten ist er zwar nicht geeignet, aber wer pro Hektar ein Mutterschaf samt Nachwuchs einplant, liegt nicht verkehrt. Kostenpunkt: Ab 100 €.
Verband Lüneburger Heidschnuckenzüchter e. V., Wilhelm-Seedorf-Str. 3, 29525 Uelzen; Tel. 05 81/80 73 21, Fax 80 73 60; www.heidschnucken-verband.de

Heuhaufen-Hopping → S. 118, westl. A 1

Romantik pur. Über 60 Heuhotels hat die Region zu bieten. Übernachtung in der Scheune, Frühstück inklusive (Schlafsack mitbringen).
Arbeitsgemeinschaft Urlaub und Freizeit auf dem Lande e.V., Lindhooper Str. 63, 27283 Verden; Tel. 0 42 31/9 66 50, Fax 96 65-66; www.bauernhofferien.de, www.heuhotelferien.de

MERIAN-Tipp

10 Hotel-Restaurant Lapaù

Lapaù, das katalanische Wort für »Frieden« und das Flüsschen gleichen Namens, das am Dorf Papenrode vorbei und bei Oebisfelde in die Aller fließt, inspirierte die Gastgeber dieses zauberhaften Hotels und Restaurants (neudeutsche Küche) mit dem nostalgischen Touch.

Querenhorster Str. 6, 38464 Papenrode bei Velpke; Tel. 0 53 64/41 11, Fax 88 03; www.lapau.de; Restaurant tgl. 17–1 Uhr, So auch mittags, Di Ruhetag ●●● MASTER VISA S. 119, F 4

Hofläden

Mühlenhof S. 121, F 5

Gewebe zum Mitnehmen, Jacken, Schals und Plaids aus Wolle und Seide, Leinentischwäsche und, für Enthusiasten, Wochenendkurse am Webstuhl.

Mühlenweg 130, 38375 Räbke; Tel. und Fax 0 53 55/60 50

Spinnstube der Landfrauen S. 119, E 3

Süße und süßsaure Pilz-Spezialitäten, Holunderblütengelee, Holunderbeerlikör, Senfgurken, aber auch Häkeleien und Quilts.

Bauerneck 10, 29399 Wahrenholz (OT Betzhorn)

Hörnings Hofladen S. 119, D 4

Das Fachwerkhaus an der B188 ist eine gute Adresse für frisches Geflügel wie Puten und Flugenten. Ein nettes Restaurant mit Terrasse ist auch dabei.

Warmse 3, 38536 Meinersen

Landgasthöfe und Hotels

Waldgaststätte Tetzelstein S. 121, F 5

Bier- und Kaffeegarten an der Straße Königslutter-Schöppenstedt. Hier trafen sich die Treiber zur Wolfsjagd, soll der Ablassprediger Tetzel von einem Raubritter überfallen worden sein und eine Geschichte vom Tetzelwurm gibt es auch, aber die Anwesenheit von Lindwürmern wurde durch Ausgrabungen nicht bestätigt.

38154 Tetzelstein im Elm; Tel. 0 53 32/13 69, Fax 94 78 46; www.tetzelstein.com; Mo–So ab 10 Uhr ●

Wahls Büchtmannshof S. 118, B 3

Komfortable, geräumige Apartments und Wellnessbereich. Restaurant »Stechinellistube«.

Stechinellistr. 6, 29323 Wietze-Wieckenberg; Tel. 0 51 46/91 93 88, Fax 91 93 89; www.buechtmannshof.de ●●●

Hotel Ferienhof Beutel und Kaffeekannenmuseum S. 121, F 6

Das Hotel mit dem Kaffeekannenmuseum. Verrückte Idee. Weil alte Kaffeekannen im Weg standen, hängte die Familie Beutel sie an die Decke. Nun werden es immer mehr.

Schliestedter Str. 2, 38170 Schöppenstedt; Tel. 0 53 32/15 41, Fax 20 17; www.kaffeekannenmuseum.de; Museum Mi–So 14–18 Uhr ●●● MASTER VISA

Nationalparks

Nationalparks oder Nationalparke, wie sie in Fachkreisen genannt werden, entsprechen höchsten internationalen Standards des Naturschutzes.

Nationalpark Harz S. 121, D–F 7/8

Der Nationalpark Harz besteht in seiner heutigen Größe erst seit 2006. Durch die Fusion der angrenzenden Parke von Sachsen-Anhalt und Niedersachsen entstand ein Schutzgebiet von 24700 ha. Voraussetzung für den lange diskutierten Zusammenschluss war die Modifikation der Nationalparkgesetze in den jeweiligen Länderkammern sowie ein Staatsvertrag zwischen den Ministerpräsidenten Wolfgang Böhmer und Christian Wulff. Sachsen-Anhalt brachte den 8900 ha große Nationalpark Hochharz in das gemeinsame Naturschutzgebiet ein. Er versammelt alle Tausender des Harzes: Neben dem Brocken (→ S. 77) mit 1142 m, die Heinrichshöhe mit 1044, den Königsberg mit 1029 und den Kleinen Brocken mit 1015 m. Der einst artenreiche Mischwald wurde durch den Bergbau stark dezimiert, die Fichte in Monokultur aufgeforstet. Auf dem Brocken wächst sie im Krüppelwuchs, zerzaust und windschief. Man sieht diesen Bäumchen nicht an, dass sie bis zu 300 Jahre alt sind. Bei rund 1000 m beginnt die subalpine Mattenvegetation, besonders schön im Mai und Juni. Dann blüht die Brockenanemone. Die meisten Tierarten sind arktisch-alpin. Zur Wildregulierung soll der Nordluchs ausgewildert werden, aber das Projekt ist umstritten.

Niedersachsen steuerte zu dem Nationalpark ein 15800 ha großes Schutzgebiet bei. Sein Teil reicht von Herzberg im Süden bis zum Nordrand bei Bad Harzburg, steigt von rund 230 bis auf 927 m Höhe. Annähernd 95 % sind bewaldet, darunter urige Feldbiotope. Der Wald soll zunehmend in einen naturnahen Zustand überführt werden.

Lindenallee 35, 38855 Wernigerode; Tel. 0 39 43/5 50 20, Fax 55 02 37; www.nationalpark-harz.de

Naturparks

Anders als Nationalparks sind Naturparks als touristische Erlebnisräume konzipiert. In der Umgebung von Wolfsburg gibt es drei Naturparks mit vielfältigen Möglichkeiten, Natur zu erleben, zu erkunden und zu genießen.

Naturpark Elm-Lappwald

→ S. 121, östl. F 5

Zusammen mit den angrenzenden Waldstücken in Sachsen-Anhalt gehört der Naturpark mit seinen bewaldeten Höhenzügen Elm, Lappwald und Dorm, der schon zur Jungsteinzeit besiedelt war, zu den attraktivsten Natur-Erlebniszonen im Braunschweiger Land. Der Elm gilt als größter und vielleicht auch schönster Buchenwald Norddeutschlands. Mit rund 500 km Rad- und Wanderwegen ist der Naturpark perfekt erschlossen.

Fremdenverkehrsgemeinschaft Elm-Lappwald e. V., Rosenwinkel 8, 38350 Helmstedt; Tel. 0 53 51/1 21 14 44, Fax 1 21 16 22; www.elm-lappwald.de

Naturpark Südheide

→ S. 118, C 2

Nördlich von Celle beginnt diese einzigartige Naturlandschaft, Heimat zahlreicher bedrohter Tier- und Pflanzenarten wie Fischotter, Kranich oder Schwarzstorch. Der Naturpark ist durch markierte Wander- und Radwege gut erschlossen (→ Radtour, S. 96) und bietet mit seinen festen Sandböden auch ein ideales Revier für Reiter. Beliebt sind Kutschfahrten durch die Heide.

Tourismus Region Celle, Am Markt 14–16, 29221 Celle; Tel. 0 51 41/12 12, Fax 1 24 59; www.region-celle.de

Naturpark Drömling

→ S. 119, östl. F 4

Seit 1990 ist der in Sachsen-Anhalt liegende Teil des Drömlings als Naturpark ausgewiesen. Er umfasst eine gewaltige Fläche von immerhin rund 27 820 ha. Rund 700 ha an der ehemaligen deutschen Grenze dürfen als Naturentwicklungszone nicht betreten werden, 3800 ha sind als Pflegezone unter Naturschutz gestellt, der weitaus größte Teil ist Landschaftsschutzgebiet, in dem der Anteil von Grün- und Waldflächen erhöht werden soll. Die Naturparkverwaltung bietet ein reiches Programm an (kostenlosen) Exkursionen zu den Elbebibern (die sich schon mal bis zum Mittellandkanal vorgearbeitet haben), zu Kranichen und Kiebitzen auf der Durchreise oder zu Wiesenbrütern und Fledermäusen.

Naturparkverwaltung Drömling, Bahnhofstr. 32, 39646 Oebisfelde; Tel. 03 90 02/85 00, Fax 8 50 24; www.naturpark-droemling.de

Geopark Harz – Braunschweiger Land – Ostfalen

S. 121, F 5

Ein Park mit großer Vergangenheit: 280 Mio. Jahre Erdgeschichte, sichtbar in Gesteinen, Fossilien, Tieren und Pflanzen. Das Geopark-Informationszentrum Königslutter stellt die Landschafts- und Erdgeschichte des Braunschweiger Landes dar und dient als Tor zum Nationalen Geopark Harz – Braunschweiger Land – Ostfalen. Das Infozentrum nennt Ausflugsziele in die Region, aktuelle Angebote, Veranstaltungen und Naturerlebnistouren.

Geopark-Informationszentrum, An der Stadtkirche 1, 38154 Königslutter; Tel. 0 53 53/91 32 35 und 30 03; www.geopark-braunschweiger-land.de; 1. April.–31. Okt. Di–Fr 10–17, Sa, So 11–17, 1. Nov.–31. März Di–Fr 14–17, Sa, So 13–17 Uhr; Eintritt frei

Oldtimer

Eine vollkommene Verbindung von Nostalgie, Fahrtwind und gehobener Lebensart bietet die Autostadt mit ihren Klassiker-Fahrten (Klassiker sind alle Autos, die mehr als zwanzig Jahre alt sind und sich, möglichst liebevoll gepflegt, im Originalzustand befinden). Die Teams starten in der Autostadt, fahren über sorgfältig ausgewählte Routen durch besonders reizvolle Landschaften, wie das Saale-Unstrut-Tal, Solling und Reinhardtswald oder die romantischen Winkel des Harzes. Die Autostadt eröffnet die Oldtimer-Saison mit einer Auftakt-Tour im Mai. Weitere Touren zu unterschiedlichen Themen und Zielen folgen. Praktische und komfortable Pauschalarrangements sorgen für Unterkunft und Verpflegung. Die Teilnehmer der Touren brauchen sich nur noch um ihre Fahrzeuge zu kümmern.

Information und Anmeldung: Tel. 0 53 61/40 14 23, Fax 40 14 29

Reiterferien

Goliath-Hof und Davidshof

S. 118, A 3

Gemischtes Doppel zweier Höfe für Reiter und Pferd, Bett und Box am Südrand der Lüneburger Heide. Baumhaus, Bolzplatz und Bollerwagen, Ausritte, Wandern, Radeln, Skaten, Paddeln. Ferienhäuser ab 26 €.

Goliathhof, Stillenhöfen 2, 29690 Essel; Tel. 0 50 71/44 22; Davidshof, Stillenhöfen 4a, 29690 Essel; Tel. 0 50 71/29 51; www.davidshof-plesse.de

Reiterhof Börner

S. 118, B 2

Neben dem Campingplatz Südsee-Paradies. Über 50 Pferde und 30 Ponys. Außenreitplätze und Springplatz auch für Anfänger. Rustikale Reiterstube mit Blick in die Reiterhalle. Ausritte durch die Lüneburger Heide. Kinder schlafen in Mehrbettzimmern direkt über der Reithalle. Sie erhalten täglich zwei Stunden Reitunterricht, Vollverpflegung und werden rundum betreut. Reiterferien für Mädchen: zwei Reitstunden pro Tag, Vollverpflegung, ganztägige Betreuung, Rahmenprogramm wie z. B. Nachtwanderungen, Grillabende, theoretischer Unterricht usw. Abholservice vom Bahnhof Soltau. Gastpferde-Prüfungen wie Basispass, das kleine und große Hufeisen, Reiterpass und Reitabzeichen II bis IV.

Wittenmoor 1, 29649 Wietzendorf; Tel. 0 51 96/21 45, Fax 25 05 89; www.reiterhof-boerner.de

Hof Immenknick

S. 119, E 3

Ein Ensemble alter Fachwerkhäuser am Dorfrand mit Reithalle, Kutschfahrten, Hannoveraner und Freiberger Zucht, Ferienwohnungen und einer Sauna.

29392 Wesendorf; Tel. 0 53 76/9 79 80; www.immenknick.de

Meyers Hof

S. 118, C 2

Der Hof des Bundestrainers für Ein- und Zweispänner in Hermannsburg Weesen ist auf den Fahrsport spe-

zialisiert. Lehrgänge. Gastpferdeboxen. Führponys für Kinder. Restaurant »Landliebe«. Zimmer und Fewos.
**Postweg 2, 29320 Hermannsburg;
Tel. 0 50 52/20 88, Fax 28 12;
www.meyershof.de**

Gästehaus Depenau → S. 118, C 4
Restaurierter Drei-Sterne-Bauernhof. Zimmer mit Dusche/WC. Reithalle, Weiden, Round Pen und Paddocks. Laufbox für Fohlen. Zentrum für anatomisch richtiges Reiten.
**Unter den Eichen 13, 31311 Uetze;
Tel./Fax 0 51 73/21 19;
www.gaestehaus-depenau.de**

Sonnenhotel Wolfshof → S. 121, D 7
Stallungen und Reithalle unmittelbar neben dem Hotel. Springplatz, Weiden und Paddocks. Geführte Ausritte in den Harz.
**Kreuzallee 22–26, 38685 Langelsheim/
Wolfshagen; Tel. 0 53 26/79 90,
Fax 79 91 19; www.sonnenhotels.de**

Routen

Deutsche Ferienroute Alpen-Ostsee → S. 121, D 7-F 5
Von den insgesamt 1738 km führt eine besonders attraktive Strecke von Goslar und das Harzvorland durch die Lüneburger Heide nach Lüneburg.

Deutsche Fachwerkstraße → S. 118, C 3–121, F 5
Sie reiht die Altstädte der Region wie an einer Perlenkette auf. Interessante Teilstrecken: Die B 214 von Celle (Fachwerk- und Residenzstadt, allein in der Altstadt stehen 480 Fachwerkhäuser) nach Braunschweig, die B 1 von Braunschweig über Königslutter nach Helmstedt, die B 241 von Goslar nach Osterode und die B 244 von Wolfenbüttel über Hornburg (wunderbar verschachtelte Fachwerkhäuser) und Osterwieck (eine Musterstadt mittelalterlicher Fachwerkbaukunst) nach Wernigerode (Fachwerkbauten aus fünf Jahrhunderten). Und schließlich die B 79/B 82 von Wolfenbüttel (über 600 Fachwerkhäuser in der Innenstadt) nach Schöningen (älteste Stadt im ehemaligen Herzogtum Braunschweig).
**Deutsche Fachwerkstraße, Geschäftsstelle, Propstei Johannesberg, 36041 Fulda;
Tel. 06 61/4 36 80, Fax 94 25 03 66;
www.fachwerkstrasse.de**

Niedersächsische Spargelstraße → S. 118, C 4
In der Saison Ende April bis Ende Juni beginnt beiderseits der 750 km langen Niedersächsischen Spargelstraße das große Stechen. Feinschmeckern sei der Abschnitt zwischen Burgdorf und Hannover zu empfehlen.
**Niedersächsische Spargelstraße e. V.,
Geschäftsstelle: Stadt Burgdorf,
Vor dem Hannoverschen Tor 1,
31303 Burgdorf; Tel. 0 51 36/89 81 10,
Fax 8 98 41 00; www.niedersaechsische-spargelstrasse.de**

Wasserwandern

Niedersachsens Flüsse sind stille Touristenpfade, verschlungene Seitenwege durch zauberhafte Naturlandschaften. Die Auswahl ist groß.
www.wasserreich-niedersachsen.de

Ise-Tour Bootsverleih → S. 119, E 4
4 km zwischen dem Jägerhof (beim Mühlenpark) in Gifhorn und dem Rastplatz Kästorf, ideales Revier für einen Anfängerkurs im Wasserwandern.
**Bromer Str. 4, 38518 Gifhorn;
Tel. 0 53 71/9 89 30; www.ise-tour.de**

Kunst am Wasser → S. 119, E 4
Eine Extra-Tour für Freunde naturverbundener Skulpturen. Man paddelt vorbei an der Holzkonstruktion beim Heuhotel im Winkel, einer Arbeit von Silke Schatz. »Küche VII«, die L-förmige Plattform, die vom Ufer der Aller über das Wasser ragt, soll an den Grundriss der Küche einer Großtante der Künstlerin erinnern. An der Oker verspiegelt das Kaleidoskop von Torsten Maidzik die umgebende Landschaft und stellt sie auf den Kopf.

Gifhorn Tourismus GmbH, Marktpl. 1, 38518 Gifhorn; Tel. 0 53 71/8 81 75, Fax 8 83 11; www.gifhorn4u.de

Wikingerkurzweyl auf der Aller

→ S. 119, D 3

Eine deftige Vergnügungsreise in die Vergangenheit mit Tauziehen, Sackkarrenparcours, Runenlauf und rauhem Spektakel auf dem Wasser. Dazu ein öffentliches Gelage.

Start in Langlingen an der Oberaller; sechsstündige Tour (für min. 12 Personen) 36€; Information: Tourismus Region Celle, Markt 14–16, 29221 Celle; Tel. 0 51 41/12 12, Fax 1 24 59; www.region-celle.de

Hannover querab

→ S. 120, westl. A 6

Stressfreier Stadtverkehr im Kanadier mit Stechpaddel. Von der Immer geht die Paddelei durchs grüne Hannover bis Fährmanns Insel, von dort (gegen den Strom) auf der Leine Richtung Leineschloss, dem Sitz des Niedersächsischen Landtags, und zurück zur Limmer Schleuse, wo es sich anschließend bei passendem Wetter auf der Limmer Grünfläche wunderbar grillen lässt. Boote, Paddel und Gepäcktonnen werden gestellt.

Kanu Wasser Wander Service Thomas Venter, Zum Mühlensiek 13, 31848 Bad Münder; Tel. 0 50 42/74 70; www.paddeltouren.de; 2 Std. 19,50€

Zonengrenze

Projekt »Grenzenlos«

→ S. 121, östl. F 5

»Zukunft braucht Erinnerung« ist das Motto des Projekts »Grenzenlos – Wege zum Nachbarn« in Helmstedt, Marienborn und Hötensleben. Organisierte Touren führen vom Zonengrenz-Museum Helmstedt, in dem die Geschichte der ehemaligen innerdeutschen Grenze mit Streckmetallzaun und Selbstschussanlagen dokumentiert wird, zum Grenzdenkmal Hötensleben, bei dem das ehemalige Absperrsystem mit Sichtblendmauer, Lichttrasse und »Führungsturm« noch komplett im Originalzustand erhalten ist, bis zur Gedenkstätte Deutsche Teilung Marienborn, dem ehemals größten europäischen Kontrollpunkt zwischen Ost und West.

Rundfahrt Mai–Okt. jeweils am vierten Sa und am 3. Okt. (Tag der Deutschen Einheit). Treffpunkt 14.45 Uhr am Zonengrenz-Museum Helmstedt. Fahrtkosten und Führung: 7€. Sonderfahrten für Gruppen ab 4 Personen auf Anfrage: Grenzenlos – Wege zum Nachbarn e. V., c/o Stadt Helmstedt, Markt 1, 38350 Helmstedt; Tel. 0 53 51/17 77 77, Fax 59 57 14; www.grenzdenkmaeler.de

Wandern einmal anders: Vom Kanu aus erlebt man die Landschaft ganz intensiv.

Kartenatlas

Orientierung leicht gemacht: mit Planquadraten und allen Orten und Sehenswürdigkeiten.

Legende

Routen und Touren

- Radtour Südheide (S. 96)

Sehenswürdigkeiten

- MERIAN-TopTen
- MERIAN-Tipp
- Sehenswürdigkeit, öffentl. Gebäude
- Sehenswürdigkeit Kultur
- Kirche; Kloster
- Schloss, Burg; Ruine
- Synagoge
- Museum
- Denkmal, Gedenkstätte
- Höhle

Verkehr

- Autobahn
- Autobahnähnliche Straße
- Fernverkehrsstraße
- Hauptstraße
- Nebenstraße
- Unbefestigte Straße, Weg
- Fußgängerzone
- P Parkmöglichkeit
- B Busbahnhof
- DB Bahnhof
- Flughafen
- Flugplatz

Sonstiges

- i Information
- Theater
- Markt
- Golfplatz
- Camping
- Aussichtspunkt
- Friedhof
- National-, Naturpark

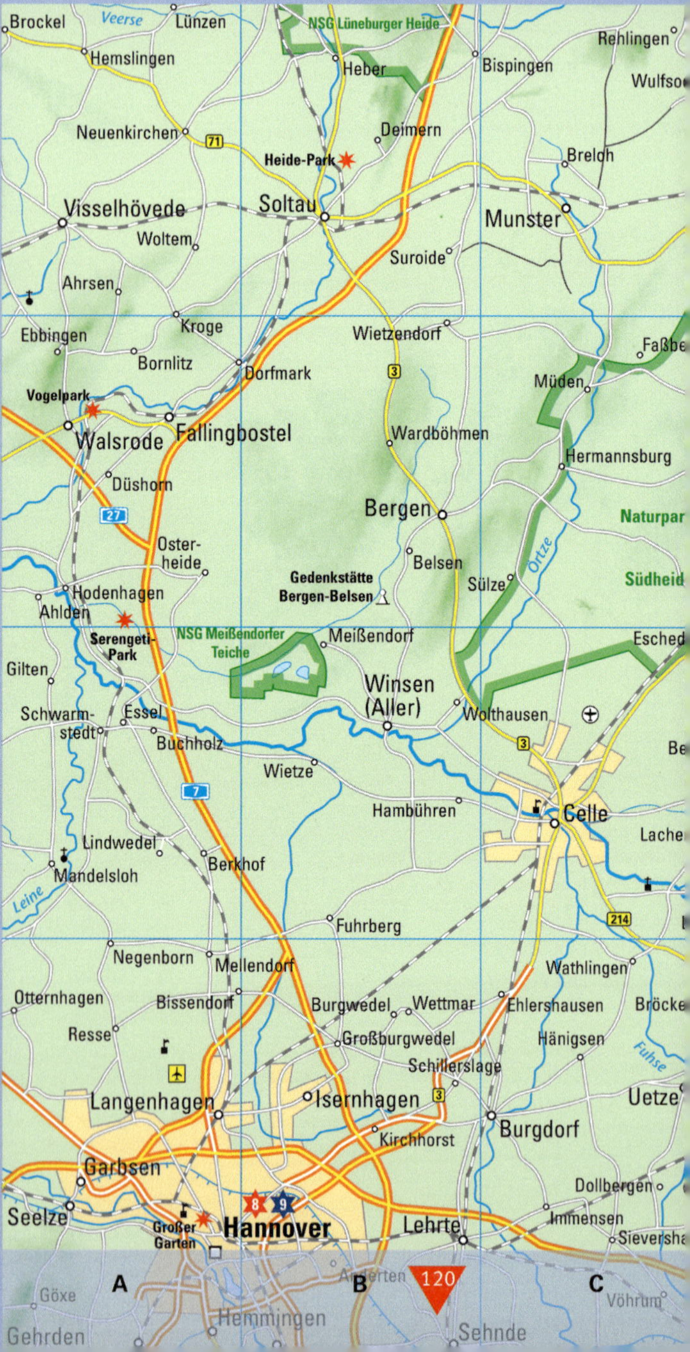
A
B
C
1
2
3
4
Brockel
Veerse
Lünzen
NSG Lüneburger Heide
Rehlingen
Hemslingen
Heber
Bispingen
Wulfso
Neuenkirchen
71
Deimern
Heide-Park
Breloh
Visselhövede
Soltau
Munster
Woltem
Suroide
Ahrsen
Ebbingen
Kroge
Wietzendorf
Faßbe
Bornlitz
Dorfmark
3
Müden
Vogelpark
Walsrode
Fallingbostel
Wardböhmen
Hermannsburg
Düshorn
27
Bergen
Naturpar
Oster-
heide
Belsen
Ortze
Südheid
Gedenkstätte
Bergen-Belsen
Sülze
Hodenhagen
Ahlden
Serengeti-
Park
NSG Meißendorfer
Teiche
Meißendorf
Esched
Gilten
Winsen
(Aller)
Schwarm-
stedt
Essel
Wolthausen
Buchholz
Be
Wietze
7
Hambühren
Celle
Lache
Lindwedel
Berkhof
Mandelsloh
Leine
214
Fuhrberg
Negenborn
Mellendorf
Wathlingen
Otternhagen
Bissendorf
Burgwedel
Wettmar
Ehlershausen
Bröcke
Resse
Großburgwedel
Hänigsen
Schillerslage
Fuhse
Langenhagen
Isernhagen
Uetze
Kirchhorst
Burgdorf
Garbsen
Dollbergen
8
9
Seelze
Großer
Garten
Hannover
Lehrte
Immensen
Sievershа
Göxe
Ahlten
120
Vöhrum
Gehrden
Hemmingen
Sehnde

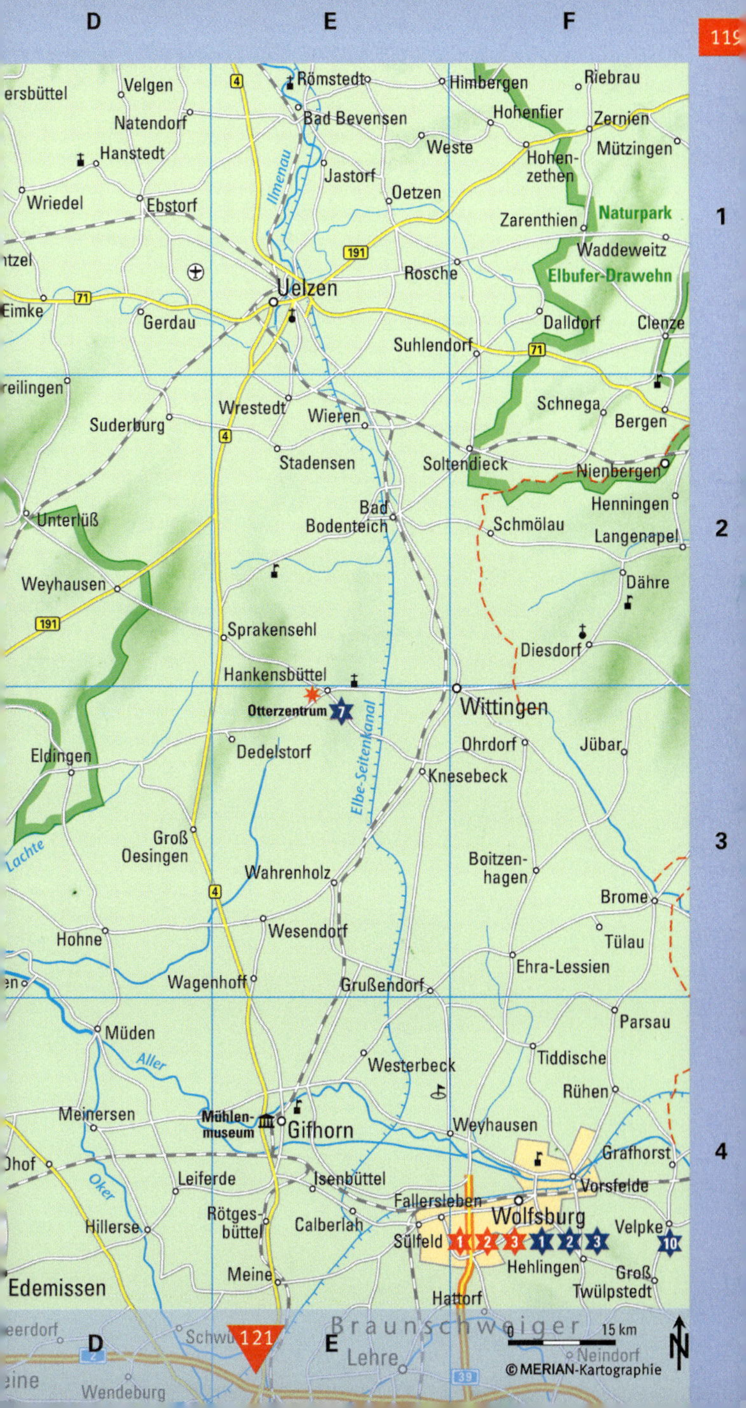
D
E
F
1
2
3
4
Römstedt
Himbergen
Riebrau
ersbüttel
Velgen
Natendorf
Bad Bevensen
Hohenfier
Zernien
Hanstedt
Weste
Hohen-
zethen
Mützingen
Jastorf
Ilmenau
Wriedel
Ebstorf
Oetzen
Zarenthien
Naturpark
Waddeweitz
Elbufer-Drawehn
Rosche
tzel
Uelzen
Eimke
Gerdau
Dalldorf
Clenze
Suhlendorf
reilingen
Schnega
Bergen
Wrestedt
Wieren
Suderburg
Stadensen
Soltendieck
Nienbergen
Henningen
Bad
Bodenteich
Schmölau
Unterlüß
Langenapel
Weyhausen
Dähre
Sprakensehl
Diesdorf
Hankensbüttel
Otterzentrum
Wittingen
Ohrdorf
Jübar
Eldingen
Dedelstorf
Knesebeck
Elbe-Seitenkanal
Groß
Oesingen
Boitzen-
hagen
Lachte
Wahrenholz
Brome
Tülau
Hohne
Wesendorf
Ehra-Lessien
Wagenhoff
Grußendorf
Parsau
Müden
Aller
Tiddische
Westerbeck
Rühen
Meinersen
Mühlen-
museum
Gifhorn
Weyhausen
Grafhorst
Ohof
Oker
Leiferde
Isenbüttel
Vorsfelde
Fallersleben
Wolfsburg
Rötges-
büttel
Calberlah
Velpke
Hillerse
Sülfeld
Hehlingen
Groß
Twülpstedt
Edemissen
Meine
Hattorf
eerdorf
D
Schwü
121
E
Braunschweiger
15 km
Lehre
Neindorf
© MERIAN-Kartographie
eine
Wendeburg
N
4
191
71
39

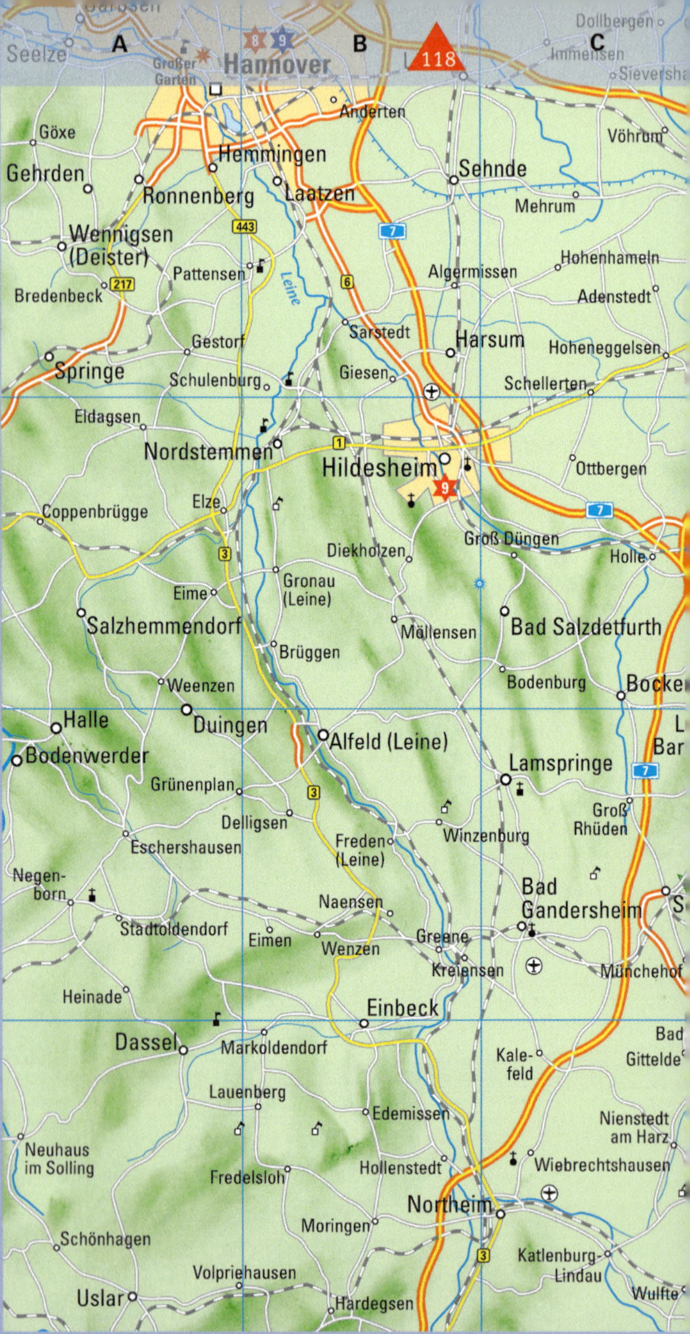
A
B
C
Seelze
Großer Garten
Hannover
118
Dollbergen
Immensen
Sievershausen
Göxe
Gehrden
Ronnenberg
Hemmingen
Laatzen
Anderten
Sehnde
Mehrum
Vöhrum
Wennigsen (Deister)
443
Pattensen
Leine
7
Algermissen
Hohenhameln
Adenstedt
Bredenbeck
217
6
Sarstedt
Harsum
Hoheneggelsen
Gestorf
Springe
Schulenburg
Giesen
Schellerten
Eldagsen
Nordstemmen
1
Hildesheim
9
Ottbergen
Coppenbrügge
Elze
Groß Düngen
Holle
Diekholzen
3
Eime
Gronau (Leine)
Salzhemmendorf
Möllensen
Bad Salzdetfurth
Brüggen
Weenzen
Bodenburg
Bockenem
Halle
Duingen
Alfeld (Leine)
Bodenwerder
Lamspringe
Grünenplan
Delligsen
Groß Rhüden
Winzenburg
Eschershausen
Freden (Leine)
Negenborn
Bad Gandersheim
Naensen
Stadtoldendorf
Eimen
Wenzen
Greene
Kreiensen
Münchehof
Heinade
Einbeck
Dassel
Markoldendorf
Kalefeld
Bad Gittelde
Lauenberg
Edemissen
Nienstedt am Harz
Neuhaus im Solling
Fredelsloh
Hollenstedt
Wiebrechtshausen
Northeim
Moringen
Schönhagen
Katlenburg-Lindau
Volpriehausen
Uslar
Hardegsen
Wulften

5
6
7
8

A B C

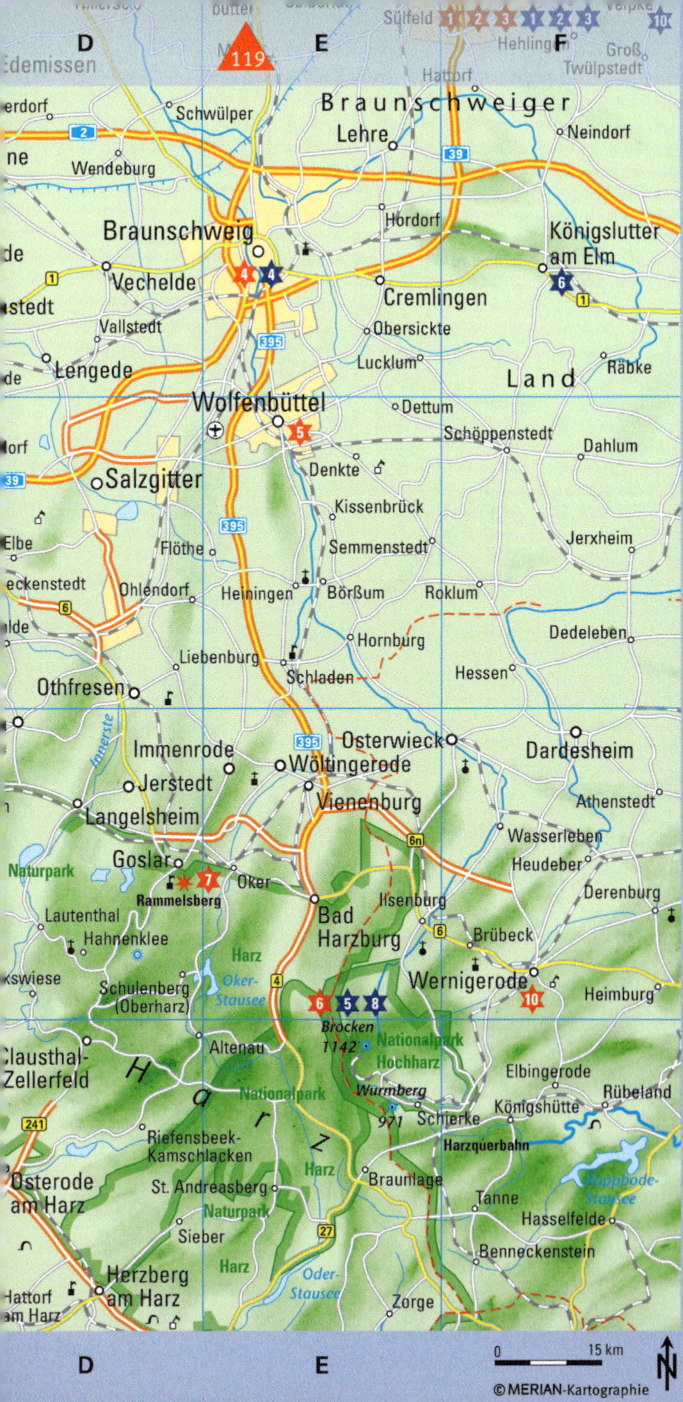
D
E
F
119
Edemissen
Sülfeld
Hehlingen
Groß
Twülpstedt
Hattorf
Braunschweiger
Land
Schwülper
Lehre
Neindorf
Wendeburg
Braunschweig
Hordorf
Königslutter am Elm
Vechelde
Cremlingen
Vallstedt
Obersickte
Lengede
Lucklum
Räbke
Wolfenbüttel
Dettum
Schöppenstedt
Dahlum
Salzgitter
Denkte
Kissenbrück
Semmenstedt
Jerxheim
Elbe
Flöthe
Ohlendorf
Heiningen
Börßum
Roklum
Dedeleben
Liebenburg
Hornburg
Schladen
Hessen
Othfresen
Innerste
Osterwieck
Dardesheim
Immenrode
Wöltingerode
Jerstedt
Vienenburg
Athenstedt
Langelsheim
Wasserleben
Heudeber
Naturpark
Goslar
Oker
Rammelsberg
Ilsenburg
Derenburg
Lautenthal
Bad Harzburg
Brübeck
Hahnenklee
Harz
Oker-Stausee
Schulenberg (Oberharz)
Wernigerode
Heimburg
Brocken
1142
Nationalpark Hochharz
Clausthal-Zellerfeld
Altenau
Elbingerode
H a r z
Nationalpark
Wurmberg
971
Königshütte
Rübeland
Schierke
Riefensbeek-Kamschlacken
Harzquerbahn
Osterode am Harz
St. Andreasberg
Braunlage
Rappbode-Stausee
Naturpark
Tanne
Hasselfelde
Sieber
Benneckenstein
Herzberg am Harz
Oder-Stausee
Zorge
Hattorf am Harz
5
6
7
8
0
15 km
N
© MERIAN-Kartographie

Hier finden Sie alphabetisch aufgeführt alle in diesem Band beschriebenen Sehenswürdigkeiten und Schauplätze, Orte und Ziele. Bei einzelnen Sehenswürdigkeiten steht jeweils der dazugehörige Ort in Klammern, bei Hotels steht zusätzlich die Abkürzung H, bei Restaurants die Abkürzung R. Außerdem enthält das Register wichtige Stichworte sowie alle MERIAN-TopTen und MERIAN-Tipps dieses Reiseführers. Wird ein Begriff mehrfach aufgeführt, verweist die **fett gedruckte** Zahl auf die Hauptnennung im Band.

Liebe Leserinnen und Leser,
wir freuen uns, Ihre Meinung zu diesem Reiseführer zu erfahren. Bitte schreiben Sie uns, wenn Sie Berichtigungen und Ergänzungsvorschläge haben oder wenn Ihnen etwas besonders gut gefällt:

TRAVEL HOUSE MEDIA GmbH, Postfach 86 03 66, 81630 München
E-Mail: merian-live@travel-house-media.de, Internet: www.merian.de

DER AUTOR
Diesen Band schrieb **Emanuel Eckardt** (geb. 1942). Der in Hamburg lebende Journalist schreibt für den *stern*, *Die Zeit* und den *Feinschmecker*, war Reporter des *stern* und Chefredakteur von *MERIAN*. Er produzierte bereits das *MERIAN extra* über die Autostadt in Wolfsburg.

Bei Interesse an Karten aus MERIAN-Reiseführern schreiben Sie bitte an:
iPUBLISH GmbH, geomatics
Berg-am-Laim-Straße 47
81673 München
E-Mail: geomatics@ipublish.de

Bei Interesse an Anzeigenschaltung wenden Sie sich bitte an:
KV Kommunalverlag GmbH & Co KG
MediaCenterMünchen
Tel. 0 89/92 80 96 - 44
E-Mail: kramer@kommunal-verlag.de

FOTOS
Titelbild: KonzernForum mit Globenfeld (Emanuel Raab)
Alle Bilder Autostadt Wolfsburg außer: Agentur Focus/Marc-Oliver Schulz 8, 11, 27, 28, 34, 39, 40, 41, 42, 44, 46o, 49o, 55u, 63, 75; Thomas Ammerpohl 25; Bibliotheca Augusta 76; Jutta Brüdern 85; Daams/laif 78; Dirk Dobiey 24; Eisermann/laif 100; Gaasterland/laif 77, 88; Goslar Marketing GmbH 81; Harzer Verkehrsverband e.V. 99; Mark Henderson 50; Hub/laif 82; Werner Huthmacher, Berlin 4, 30, 48o, 53; Internationales Wind- und Wassermühlen-Museum Gifhorn 68/69; Rainer Jensen 16, 26, 54, 61; Wolfgang Kowall 12/13; Ralph Kremlitschka 38, 43; Kreuels/laif 55; Kur- und Touristikbetrieb Bad Lauterberg 98; Lars Landmann 22, 29, 58; Langrock/laif 79; Helge Mundt 18, 24, 35u, 35o, 36, 37, 54; Otterzentrum Hankensbüttel 92; Emanuel Raab 9, 45, 48u, 49, 52; Klaus Reichardt 65, 67; Ulli Sonntag 23; The Ritz-Carlton 14; Volkswagen 21; Schloss Wernigerode 94; Schloss Wolfsburg 62, 64; TMN 83; Vogelpark Walsrode 93; Michael Wettern 70; Zielske/laif 71, 91

PROJEKTLEITUNG
Veronica Reisenegger
Tel. 0 89/45 00 09-9 12
veronica.reisenegger@travel-house-media.de
REDAKTION
Eva Stadler/Axel Nowak
GESTALTUNG
wieschendorf.design, Berlin
KARTEN
MERIAN-Kartographie
SATZ
Filmsatz Schröter, München
DRUCK
Appl, Wemding
BINDUNG
Auer, Donauwörth
GEDRUCKT AUF
Nopacoat Edition von der Papier Union

2. Auflage

TRAVEL HOUSE MEDIA

100 JAHRE
GANSKE VERLAGSGRUPPE